LINGÜÍSTICA
APLICADA

a la enseñanza del español
a anglohablantes

LINGÜÍSTICA APLICADA

a la enseñanza del español a anglohablantes

Tracy D. Terrell
University of California, Irvine

Maruxa Salgués de Cargill
El Camino College

JOHN WILEY & SONS

Library of Congress Cataloging in Publication Data

Terrell, Tracy D.
    Lingüística aplicada a la enseñanza del español a anglohablantes.

    Bibliography: p.
    1. Spanish language—Grammar—1950–   I. Salgués de
Cargill, Maruxa, joint author. II. Title.
PC4112.T42   468'.2'421   78–21016
ISBN 0–471–03946–2

Text and cover design: Lenni Schur
Drawings: Felix Cooper

PREFACIO

El propósito del presente texto es enfocar la gramática y la fonología del español desde el punto de vista que pueda ser de mayor utilidad para el profesor de estudiantes de habla inglesa. Se trata, pues, de un texto de lingüística aplicada en el que usaremos básicamente nuestro conocimiento de la estructura de la lengua española apoyado, naturalmente, en el estudio del español y el inglés. No se trata de un texto de metodología que guíe directamente al profesor en sus actividades físicas en el aula de clase. Nuestro propósito es proporcionar al profesor el material que consideramos más adecuado para enfrentarse mejor con los diferentes problemas de la lengua que surgen por el hecho de enseñar el español a anglohablantes. Debemos abordar cuatro campos: la pronunciación (la fonética); la formación de palabras (la morfología); la formación de oraciones (la sintaxis), y, por último, las relaciones del lenguaje con la cultura del mundo hispánico.

Hay varias monografías sobre el sistema gramatical y fonológico del español y existen estudios de análisis contrastivos del español con el inglés que son, en general, excelentes fuentes de valiosa información. Pero, según nuestra experiencia, sufren de varios defectos como libro de texto. En primer lugar tratan de ofrecer un análisis más o menos completo de los puntos fundamentales de la gramática española, y por eso resultan excesivamente largos y complicados para nuestros propósitos. Muchos de los puntos discutidos se explican adecuadamente en cualquier texto gramatical para principiantes y, por consiguiente, no son de primera importancia. En segundo lugar, a veces se entra con tanto detalle en la teoría lingüística en la que se basa el análisis, que el no versado en estos asuntos se pierde entre tanta terminología lingüística y gramatical. Además, como la teoría lingüística cambia constantemente, muchos de los análisis basados en una versión especial de algún modelo lingüístico resultan poco útiles. Y, por último, el hecho de que estos libros estén escritos en inglés, mientras que nosotros preferimos dar las clases de "lingüística aplicada" en español, nos dificulta la tarea.

En este texto nos hemos limitado a una breve introducción a los aspectos más generales y técnicos. Hemos tratado de simplificar la presentación del material, y lo que incluimos es, en nuestra opinión, básico y esencial para el profesor de lengua. En la sección de pronunciación prestamos especial atención al contraste de los sonidos del español y el inglés, es decir, a aquellos casos en que el estudiante de habla inglesa debe evitar la influencia de los sonidos de su lengua nativa. Luego presentamos una descripción de los procesos fonológicos más comunes. Dentro de la sección dedicada a la morfología nos preocupa ante todo la formación del verbo, y nos proponemos en particular ayudar al estudiante a reducir el tiempo y el esfuerzo que debe emplear en aprender las formas verbales del español. En el estudio de la formación de oraciones también nos centraremos en los tiempos y modos verbales, puesto que el uso del verbo es uno de los problemas que causa mayores dificultades al estudiante anglohablante. El capítulo final de nuestro texto presenta algunas consideraciones generales sobre la relación que existe entre un idioma y la cultura de los que lo hablan. Idioma y cultura forman un campo de investigación muy extenso y complejo en el que no entramos en detalle sino que tan sólo abrimos el tema a discusión.

En cada sección incluimos notas bibliográficas sobre las fuentes de información para los que quieran profundizar en el estudio del material respectivo.

Hemos tratado de presentar el análisis de cada punto sin elaboración teórica. Sin embargo, como cualquier otro lingüista, tenemos nuestras preferencias teóricas. La presentación de fonética comparativa en el capítulo uno no ocasiona ningún problema y es semejante a la presentación que hacen otros textos;

sin embargo es breve, ya que presuponemos algún conocimiento básico de fonética española. En el capítulo dos, que versa sobre la fonología, el profesor tendrá que escoger su modelo teórico básico. Para los que se adhieren al modelo estructuralista, tanto al descriptivista americano como a la versión praguiana europea, creemos haber aludido suficientemente al "fonema" para abrir ese tema a discusiones más profundas. Nosotros, en cambio, nos hemos basado en un modelo generativo, pero hemos evitado el formalismo de esta escuela para no crear problemas a los que prefieran la fonología estructuralista. Sin embargo, no hemos seguido la escuela generativa "abstracta" de Chomsky-Halle, sino que nos hemos adherido a la escuela de Venneman-Stampe denominada fonología generativa "natural". El resultado es una fonología más "concreta" y más parecida a los análisis estructurales. En el capítulo tres, nos basamos en los análisis tradicionales estructuralistas de la morfología, rechazando las llamadas "formas subyacentes" regulares y abstractas de los generativistas, las que implican relegar toda variación morfofonemática al componente de reglas fonológicas. La presentación en capítulos cuatro y cinco no contiene mayores innovaciones y no debe de ocasionar ningún problema teórico. En el capítulo seis, presentamos una versión simplificada del análisis de J. Martin (en Stockwell, Bowen y Martin, 1965) de la comparación léxica. En el capítulo siete analizamos los tiempos verbales desde la perspectiva de su función semántica dentro de la oración. Hacemos especial énfasis al problema del enfoque aspectual del pretérito y del imperfecto. Introducimos de manera muy simplificada el sistema de W. Bull (1965) para el análisis de los tiempos verbales. En las clases nosotros solemos entrar con mucho más detalle en este punto porque nos parece un sistema que, a pesar de sus imperfecciones, ha resultado de gran ayuda para nuestros alumnos en comprender el funcionamiento semántico del sistema verbal del español y del inglés. Sin embargo, reconocemos que existen otros análisis valiosos, e.g., el transformacional del Stockwell (en Stockwell, Bowen y Martin, 1965). Esperamos que nuestra presentación sirva de base para cualquier análisis que se adopte. En el capítulo ocho analizamos los modos indicativo y subjuntivo siguiendo las propuestas de Hooper-Terrell (1974), que se basan en el modelo de la semántica generativa, aunque no entramos en su formalismo. Rechazamos la idea de que el subjuntivo se derive transformacionalmente, pero es posible que una comparación de nuestro análisis y el de un transformacionalista resultara muy útil. Tal vez debiéramos haber incluido un capítulo sobre los problemas que surgen al enseñar el sistema preposicional, pero lo hemos rechazado, ya que no queremos extender demasiado el material que presentamos. En la última sección hacemos algunos comentarios sobre la relación entre lenguaje y cultura. Cada profesor podrá extender esta pequeña discusión según sus propias experiencias con la cultura hispánica.

Los ejercicios son de dos tipos. En primer lugar, hay ejercicios elementales que sirven de práctica para el anglohablante que aspira a ser profesor de español, con el fin de que mejore en algunos puntos básicos del idioma español. En segundo lugar, hay ejercicios sobre temas pedagógicos que estimulan la discusión y resultan de utilidad tanto para el anglohablante como para el hispanohablante que desea enseñar español a anglohablantes. No se debe pensar, sin embargo, que existan siempre respuestas fijas para todos estos temas, y mucho menos que se encuentren en los materiales aquí expuestos.

Hoy en día está muy de moda el llamado "análisis de errores". Presentamos brevemente la base teórica de esta escuela en la Introducción. Es interesante notar que el desarrollo del análisis de errores resultó, en parte, de una reacción al "análisis contrastivo". La base del análisis contrastivo es que los errores de los estudiantes provienen en gran parte de la influencia del idioma nativo. Los que han reaccionado en contra de esta posición afirman que los errores tienen su origen en el sistema mismo de la segunda lengua, propiamente dicho y de los intentos del estudiante de construir una gramática que genere las oraciones del segundo idioma. Se dice que el impulso hacia la simplificación en este segundo idioma es la causa de la mayoría de los errores. Nos limitaremos a observar que las dos posiciones no son necesariamente opuestas sino que, en nuestra opinión, se complementan. En todo caso, para proyectar las posibles simplificaciones en el sistema del segundo idioma, hay que conocer bien ese sistema, y para proyectar las posibles influencias del idioma nativo hay que conocer los sistemas gramaticales de los dos idiomas. De esta manera, un buen análisis contrastivo servirá también para un análisis de errores.

Recomendamos que los estudiantes, al principio del curso, graben entrevistas con alumnos en las diferentes etapas del aprendizaje del español, para poder hacer análisis de errores según el tema a discutir. Con ese fin, en cada capítulo incluimos por lo menos una nota que sirva de guía para esta clase de ejercicios.

T. T.
M. S. C.

CONTENIDO

LINGÜÍSTICA APLICADA

a la enseñanza del español a anglohablantes

INTRODUCCIÓN

Lingüística y Metodología

La lingüística, la ciencia que se ocupa del lenguaje humano, es de gran interés y utilidad para el profesor de lenguas en su actividad diaria en el aula de clase. Existen dos áreas en las que un conocimiento de la teoría lingüística y del análisis lingüístico tiene aplicaciones importantes para el profesor. En primer lugar, el análisis lingüístico del idioma que enseñamos es indispensable para fijar el contenido del curso que se enseña. En el caso del español sería de interés analizar el sistema verbal, la concordancia entre nominales y sus modificadores, el orden de palabras en una oración, y otros muchos temas, antes de lanzarnos a establecer la presentación de la temática del curso. En segundo lugar, la teoría lingüística, cuyo propósito es explicar el funcionamiento del lenguaje, debe de servirnos de guía para entender los procesos usados en la adquisición de una lengua por el ser humano, y esta información, a su vez, será de sumo interés para determinar la metodología y las técnicas que debemos usar en nuestros cursos.

En este texto abordamos la LINGÜÍSTICA APLICADA porque aplicaremos el análisis lingüístico y la teoría lingüística a un propósito específico: la enseñanza del español a anglohablantes. El término tal vez sea nuevo; la práctica no lo es. Los estudios de gramática han sido aplicados tradicionalmente a la enseñanza o al aprendizaje de un idioma. Una de las metodologías tradicionales, que se ha denominado el método de GRAMÁTICA-TRADUC-

CIÓN, nos llegó por medio de los estudios del latín. Se trata de aprender latín a través de un estudio detallado de su gramática y mediante ejercicios de traducción de esta lengua a la nativa. Esta práctica ha sido utilizada en el aprendizaje del latín hasta nuestros días. Si alguien quería aprender otro idioma moderno, como el francés o el alemán, era muy natural que se siguiera el mismo proceso que ya se conocía para el aprendizaje del latín. Este modelo de aprendizaje de idiomas se ha empleado sobre todo en situaciones típicamente escolásticas. Sin embargo, ha habido siempre muchas personas que viajaban y aprendían nuevas lenguas sin recurrir al estudio formal de la gramática y la traducción. Algunos observadores concluyeron que el aprendizaje de un idioma puede desarrollarse de formas distintas a las empleadas en los métodos clásicos basados en intensos estudios de gramática. Surgieron métodos DIRECTOS o NATURALES en los que se trata de trazar un programa parecido a lo que hace el niño al aprender su primer idioma o lo que hace un adulto cuando se ve rodeado por otra cultura y otra lengua sin posibilidad alguna de comunicarse en su idioma nativo.

Aunque en un plano teórico los dos métodos, el gramatical y el directo, se oponen totalmente y se supone que son competidores, en la práctica generalmente se complementan. Los que se interesan por aprender a hablar un idioma, generalmente se inclinan hacia los métodos directos o naturales. En cambio los que se interesan por leer o traducir el idioma, sin mayores deseos o necesidades de hablarlo, recurren frecuentemente al método gramatical.

En los Estados Unidos se ha enseñado predominantemente según el método gramatical, aunque en determinados lugares y períodos se han utilizado métodos directos con especial énfasis en la producción oral. En 1957, la Unión Soviética lanzó el primer satélite. Frente a este acontecimiento hubo una reacción tremenda en los Estados Unidos que ocasionó una profunda revisión del sistema educativo. En una ola de reforma educativa, se concedió gran importancia al aprendizaje de idiomas desde el punto de vista funcional, que en aquellas circunstancias significaba fundamentalmente comunicación oral. Este acontecimiento coincidió con el desarrollo avanzado de la teoría lingüística llamada ESTRUCTURALISMO, mediante la que se veía una lengua como un sistema de estructuras y se analizaban las teorías de formación de hábitos de la psicología, aplicándolas a una teoría de la adquisición del lenguaje. Así pues, la tarea de aprender un idioma en estos términos se redujo a adquirir una serie de hábitos en el uso de las estructuras de un idioma dado. El método desarrollado en esos años se denominó AUDIO-LINGUAL por el énfasis que se confería a la comprensión de la lengua hablada y a la producción oral de la misma.

El método audio-lingual, con cambios y adaptaciones, es el que predomina todavía en los Estados Unidos. Sin embargo las bases teóricas del estructuralismo y de la teoría de hábitos en psicología han ido evolucionando, como en cualquier ciencia, y hoy en día tanto el panorama de la lingüística teórica como el de la psicología resultan bastante diferentes de lo que fueron en los años cincuenta. Se ha hablado mucho, en el campo de la lingüística aplicada, del desarrollo de nuevos métodos, a veces llamados COGNITIVOS, basados en la nueva teoría lingüística y psicológica, pero de todo ello se ha sacado muy poco a nivel práctico.

En cuestiones metodológicas hemos visto tendencias que tratan de demostrar que una técnica de enseñanza es mejor que otra. Sin embargo la experiencia nos ha demostrado repetidas veces que no se trata de superioridad de una técnica sobre otra sino más bien de la situación específica del aprendizaje y de las metas del que aprende que dictan la combinación específica de métodos y técnicas que se emplearán con mayor beneficio para el estudiante.

A continuación discutiremos brevemente cinco factores que constituyen algunas consideraciones importantes en la selección de la metodología de un curso.

1. Motivación del estudiante Según nuestra experiencia, el factor central en el aprendizaje de un segundo idioma es la motivación, o sea, el interés con que se dedica el estudiante a la difícil tarea de aprender un idioma. A veces nos encontramos en situaciones en que el estudiante tiene una meta ya fijada con un fin práctico. Quizás quiera viajar a un país donde se habla español. Quizás necesite aprenderlo porque tiene que leer importantes publicaciones en español. También a veces es posible que el profesor despierte en el estudiante una MOTIVACIÓN INTEGRATIVA, interesándole no solamente en la lengua sino también en la gente que la habla y en la cultura. En otros casos nos encontramos con estudiantes a los que se les requiere seguir ciertos cursos por razones ajenas a su voluntad, como por ejemplo con el llamado "requisito de lenguas extranjeras." En estos casos, el despertar el interés del estudiante viene a ser a veces la meta principal del curso. La motivación de nuestros estudiantes es siempre un factor muy complejo que va íntimamente ligado a la situación en que se encuentran.

2. Contexto social del curso Sin duda el factor primordial para establecer la motivación de nuestros estudiantes se encuentra en la situación social del estudiante respecto al idioma que estudia. Existe una relación directa entre el deseo de aprender un idioma y la utilidad del mismo para el estudiante. Dentro de los Estados Unidos hay muchas zonas donde el español se usa en la vida cotidiana de miles de ciudadanos. En estas áreas el estudiante se ve reforzado en el aprendizaje por la posibilidad de usar inmediatamente lo que aprende. En otras zonas donde la influencia hispánica no existe, la tarea del profesor es, sin duda alguna, más difícil.

Hay otros contextos que determinan la metodología que debe utilizarse. Por ejemplo, hay cursos especiales para los que quieren adquirir un conocimiento básico para poder viajar e intercambiar ideas con gente de habla española. Hay estudiantes que se entrenan para trabajar en un país hispánico. En estos casos se organizan cursos intensivos especializados según la situación. Hasta la corrección de errores gramaticales cobrará más o menos importancia según el contexto en que se use la lengua. Los que desean trabajar en asuntos políticos, o en negocios internacionales, necesitarán un nivel más pulido de español que los que trabajen entre el pueblo. Así pues, es evidente que la situación social específica y las metas de los estudiantes son factores importantes para determinar tanto la metodología como el contenido del curso.

3. Edad En un nivel práctico, siempre se ha tenido en cuenta el factor de la edad en la organización de cursos de lengua. Desde que empezaron a usarse métodos naturales con adultos ha habido discusiones en el plano teórico y en el práctico acerca de las diferencias y semejanzas entre el aprendizaje de idiomas de los adultos y de los niños. Existen abundantes pruebas de que el niño tiene la habilidad de aprender un segundo idioma sin ninguna instrucción formal y sin ninguna referencia directa a su primera lengua. Pueden citarse casos de familias en culturas alejadas de la nuestra en las que los hijos aprenden rápidamente el idioma y hasta sirven de traductores a sus padres, que luchan a paso lento con la adquisición del nuevo idioma. Esta adquisición por parte de los hijos se da generalmente sin que haya ninguna instrucción formal. La situación de los mayores de edad es generalmente diferente. El progreso es lento. Se hacen referencias al idioma nativo, siempre que es posible, a fin de facilitar el aprendizaje. Hay situaciones, sin embargo, en las que un adulto tiene que aprender casi por osmosis, es decir, sin ninguna instrucción formal, como ocurre con muchos emigrantes. Nuestros métodos tienen que tomar en consideración la edad del estudiante, tanto en cuestiones de motivación como de habilidad.

4. **Relaciones genéticas entre idiomas** Las semejanzas entre dos idiomas contribuyen sin duda a la relativa facilidad y velocidad con que uno aprende el segundo idioma. Cualquier hispanohablante que ha oído hablar el italiano o el portugués afirmará que estos idiomas parecen ser más fáciles de aprender que otros como el chino, el hindú, o el swahili. Si dos idiomas se relacionan en términos genéticos ello implica que tienen el mismo origen, lo cual implica a su vez que habrá una parte del léxico que es semejante, y que habrá procesos gramaticales que son semejantes. Por lo que respecta al léxico, debemos señalar que éste es el componente de una gramática que cambia más rápidamente y puede que haya cambios fonológicos que oculten estas relaciones. Por ejemplo *father* y *padre* son de un mismo origen, pero es dudoso que nuestros estudiantes reconozcan esta derivación o incluso que sea de gran utilidad para ellos. En cuestiones gramaticales los cambios son más lentos y las semejanzas más útiles y reconocibles. Por ejemplo, el orden básico del inglés y del español es sujeto-verbo-objeto. Los dos usan sistemas de artículos definidos e indefinidos muy semejantes. En los dos idiomas el sistema verbal se basa en conceptos casi idénticos: ordenación de acontecimientos, tiempo (presente, pasado) y otros. Las desinencias gramaticales en los dos idiomas son sufijos y no prefijos como en swahili o en otras lenguas. Otra fuente de semejanzas proviene de la influencia de un idioma sobre otro. El hecho de que el inglés tenga un sinnúmero de préstamos léxicos del latín, cuya forma es muy semejante a las mismas

raíces del español, facilita la adquisición del vocabulario español más rápidamente que en el caso de un anglohablante que tratara de aprender el árabe, por ejemplo, donde no existe esa influencia léxica.

A veces estas semejanzas influyen directamente en el contenido del curso. Por ejemplo el contraste semántico entre *conocer* y *saber* en español está también diferenciado por dos palabras en francés: *connaître* y *savoir*. Así pues, al enseñar el español a hablantes del francés, sería una pérdida de tiempo hacer ejercicios cuyo único propósito fuera el establecer este contraste. En el caso de los anglohablantes, que no hacen tal distinción léxicamente ya que usan en los dos casos el verbo *know*, es necesario entrar en explicaciones y ejercicios con el propósito de establecer la diferenciación en el uso de estos vocablos.

5. Dificultades intrínsecas La experiencia del profesor en la enseñanza prueba que hay ciertas estructuras que son intrínsecamente más difíciles de adquirir que otras, sea cual sea el idioma nativo del estudiante. Al comparar las formas del imperfecto del indicativo y las del pretérito del indicativo, notamos que en el imperfecto hay tres excepciones a la formación regular, que son las raíces de *iba*, *veía*, y *era*. En la formación del pretérito, en cambio, hay muchas formas que se basan en raíces iregulares: *poner-puse*, *tener-tuve*, *querer-quise*, *hacer-hice*, etc. Además existen diferencias acentuales: las regulares se acentúan en la primera vocal después de la raíz (*hablé*, *hablaste*) mientras que las irregulares se acentúan de manera variable, como se destaca al comparar *puse* con *pusiste*. Las formas del pretérito son intrínsecamente más complicadas que las del imperfecto y requerirán más tiempo y más esfuerzo en su aprendizaje. El hecho de que en inglés también haya formas de pasado irregulares (*go-went*), no afecta en absoluto a la dificultad de aprender estas formas irregulares en español. Es importante tener en cuenta estas diferencias sobre las dificultades relativas en la planificación del curso.

Al considerar los cinco factores mencionados, y aún podríamos agregar más, se hace evidente que la metodología que emplearemos en un curso dependerá de las necesidades de cada situación específica. Hoy día vemos un interés creciente en la llamada INDIVIDUALIZACIÓN de los cursos de lengua, lo que implica que se rechaza la idea de que hay un solo método correcto en la enseñanza. Adaptaremos técnicas de todos los métodos según la situación específica, el estudiante individual y sus metas específicas, es decir la metodología será relativa según el fin que se quiera lograr.

La teoría lingüística y la lingüística aplicada

Cuando oímos la palabra lingüista, muchas veces creemos que se trata de una persona que puede hablar bien muchos idiomas. El concepto no es totalmente erróneo porque por regla general el lingüista conoce varios idiomas. Para el lingüista, sin embargo, un idioma no es sólo un medio de comunicación en sí mismo sino mucho más. Es un fenómeno natural que requiere ser analizado y explicado. El lingüista está interesado en desarrollar una teoría que explique la comunicación que existe entre los seres humanos mediante el uso del lenguaje, sea éste oral o escrito. Se trata de explicar la correlación entre lo que se oye y lo que se entiende: entre sonido y significado.

Con el transcurso del tiempo, el estudio del lenguaje ha cambiado debido a los distintos propósitos y enfoques de los estudiosos. Por ejemplo, en un principio, el FILÓLOGO estudió, analizó, clasificó y llegó a establecer teorías sobre ciertas facetas de la lengua en una etapa histórica determinada para mejor comprender los textos literarios de esa época. Si al filólogo le interesaban la poesía clásica y su rima, trataba de determinar la pronunciación de la lengua para relacionarla con la rima poética. Cuando Antonio de Nebrija escribió su famosa *Gramática* en 1492, tenía el propósito de fijar normas y de dar consistencia al idioma que se hablaba en la Península Ibérica. Además, pensaba Nebrija que el saber gramatical de la lengua vulgar, el castellano, facilitaría el aprendizaje del latín. En nuestra época se han estudiado muchos idiomas indígenas del continente americano así como los de África y de Asia para, entre otras razones, poder traducir la Biblia a esos idiomas. De esta manera una gran parte de la labor que se ha realizado sobre el estudio del lenguaje podría calificarse como lingüística aplicada ya que el propósito no era desarrollar una teoría general del lenguaje sino la aplicación de los conocimientos del lenguaje a fines específicos.

Los teóricos de la lingüística en las últimas décadas representan una continuación directa de la labor de los filólogos del siglo XIX. En esa época se empezó a estudiar el sánscrito, antiguo idioma de la India. Los filólogos se dieron cuenta de que existían importantes semejanzas entre el sánscrito y los idiomas europeos. Medio siglo de intensos estudios comparativos trajo como consecuencia nuevos conceptos a la teoría lingüística tales como "parentesco entre idiomas," "leyes fonéticas," y "palabras cognatas." Estos investigadores se dedicaron al estudio del desarrollo de las lenguas, lo que hoy denominamos lingüística DIACRÓNICA, o sea el estudio del cambio lingüístico.

En la primera parte del siglo XX, los filólogos y lingüistas de ambos lados del Atlántico empezaron a interesarse por las relaciones sistemáticas que pueden descubrirse en un idioma en una sola etapa temporal, generalmente la moderna. Este enfoque es lo que llamamos la lingüística SINCRÓNICA. En Europa se han enfatizado las relaciones estructurales dentro del sistema de una lengua determinada y, por eso, a los teóricos de esa escuela se les llama ESTRUCTURALISTAS. El fundador del estructuralismo fue Ferdinand de Saussure quien, desde Ginebra, influyó con sus enseñanzas a toda una generación de lingüistas. En los Estados Unidos la lingüística recibió la influencia de Benjamin Whorf, Edward Sapir y Leonard Bloomfield, cuyos intereses al principio se concentraban en anotar de una forma u otra las descripciones de las lenguas de los indígenas de los EE.UU., que desaparecían sin ser estudiadas. Por su afán en describir esos idiomas tal como se hablaban, se les llamó lingüistas DESCRIPTIVISTAS.

En 1957 apareció una monografía escrita por el lingüista Noam Chomsky llamada *Syntactic Structures*. En esta obra Chomsky trató de definir nuevamente los objetivos de la teoría lingüística. Según él, el propósito de la teoría lingüística debería de ser el establecimiento de un conjunto de REGLAS que puedan GENERAR, o producir, todas las frases GRAMATICALES, aceptables, de un idioma dado. El producto de la teoría lingüística sería una GRAMÁTICA GENERATIVA. Además Chomsky presentó la hipótesis de que para escribir la gramática generativa de un idioma determinado habría que valerse de reglas que él llamó TRANSFORMACIONALES. La teoría TRANSFORMACIONAL de Chomsky y sus derivaciones han dominado la investigación lingüística en los Estados Unidos desde la primera parte de la década de los años sesenta. Dentro de esta teoría generativa-transformacional se ha realizado una labor extraordinaria estudiando la sintaxis del inglés. En cambio, en el campo de la semántica, la teoría transformacional ha dejado mucho que desear. Por esta razón han aparecido, dentro de la escuela generativista, esfuerzos hacia una nueva teoría basada en la semántica, que se ha llamado la SEMÁNTICA GENERATIVA (frente a la SINTAXIS GENERATIVA TRANSFORMACIONAL de Chomsky).

No se pueden predecir los caminos de la investigación científica. Todavía no existe una teoría que nos explique el lenguaje humano, la comunicación, de una manera satisfactoria. Esperemos que cada esfuerzo nos aproxime más a esa meta.

La adquisición de una lengua

Para entender el proceso de la adquisición de un idioma, tanto si es éste el primero como el segundo, es necesario delimitar el objeto mismo del aprendizaje. A este fin cabe preguntarse exactamente qué es lo que se sabe cuando decimos que una persona sabe hablar un idioma. Esto es lo que algunos denominan el CONOCIMIENTO LINGÜÍSTICO del hablante y es el objeto de los estudios de los lingüistas teóricos. Examinaremos con algún detalle este concepto.

Sabemos que una lengua no es simplemente una colección de oraciones aprendidas de memoria, que se usan habitualmente, como *Gracias, Buenos días, ¿Qué tal?*, etc. El hablante, en su conversación diaria, crea oraciones mediante combinaciones de palabras que nunca antes usó y que posiblemente no ha oído. Las posibilidades de crear oraciones nuevas son infinitas. Así pues no es posible que el hablante memorice una lista de oraciones, sino que tiene que formular un conjunto de reglas gramaticales que sirven para producir oraciones y para entenderlas. Es decir, el hablante formula principios generales que forman el sistema de su lengua.

Examinemos las nociones de SISTEMA y de REGLA de manera más meticulosa. El hablante de un idioma es capaz de expresar pensamientos e ideas por medio de la selección de palabras, y las sabe combinar para formar una oración, que es por lo general una oración nueva. Para conseguirlo, el hablante ha tenido que aprender un número considerable de palabras. Ese conjunto de palabras que conoce y usa el hablante nativo constituye lo que llamamos el LÉXICO de su idioma. Conocer una palabra quiere decir saber pronunciarla y conocer sus significados para poder combinar unas palabras con otras y producir o crear una oración con un significado determinado. Para hablar un idioma el LÉXICO no es suficiente sino que hay que aprender su sistema SEMÁNTICO. El sistema semántico consiste en una serie de reglas que relacionan nuestros pensamientos con las oraciones que los representan. Además el hablante tiene que conocer las reglas SINTÁCTICAS que lo guían al combinar las palabras y formar una oración, un sistema MORFOLÓGICO que lo guía en la formación de palabras, y un sistema FONOLÓGICO, que establece la pronunciación de palabras y de oraciones. Todos estos sistemas se relacionan entre sí en la producción o la comprensión de una oración y todos juntos crean un sistema lingüístico, una unidad que es la GRAMÁTICA de la lengua.

En este texto usaremos el término gramática en el sentido de conocimiento lingüístico total del individuo. La gramática del hablante consta de un léxico, y de reglas semánticas, sintácticas, morfológicas, y fonológicas. Nuestra meta es relacionar estos conceptos con la adquisición de un idioma en general y con el aprendizaje de un segundo idioma más específicamente.

Consideremos primero la adquisición del niño de su lengua nativa. La adquisición del primer idioma se relaciona íntimamente con la adquisición de la habilidad de conceptualizar y de pensar. Sabemos que el desarrollo semántico precede en parte a la habilidad de expresar los conceptos semánticos por medios sintácticos. Lo primero que hace el niño es aprender que SONIDO y SIGNIFICADO se asocian de una manera (para él) arbitraria. Las primeras palabras que usa conllevan mucha carga semántica. Si el niño dice *agua*, por ejemplo, puede indicar una variedad de cosas según el contexto: *ya no quiero agua, ¿quién tiene agua?, dame agua, se me cayó el agua*, etc. El primer paso es aprender que se pueden unir dos (o más) palabras, combinando sus significados individuales dando como resultado un nuevo significado a veces más complejo. En este momento el niño ya ha creado una gramática incipiente. Ha formulado reglas semánticas y por lo menos una regla sintáctica: "una oración consiste en una o más palabras en cierto orden," y una fonología incipiente. Muy pronto, en el proceso de adquisición, el niño empieza a producir combinaciones significativas que son novedosas para él, producidas por su gramática y que siguen los procesos generales formulados inconscientemente por él.

El niño tiene la habilidad de analizar y organizar sistemáticamente lo que oye a su alrededor, y así descubrir las reglas de su gramática. Mientras pasa el tiempo, el niño va desarrollando su gramática, y cada vez más se asemeja ésta a una gramática más o menos igual a la del adulto. Sabemos muy poco de los factores que influyen en el desarrollo de esta gramática. Existen algunas pruebas que el proceso de adquisición depende en parte del desarrollo cronológico del lenguaje del niño, es decir, ciertas estructuras se adquieren en una determinada etapa. Así, pues lo que oye el niño no constituye el factor principal para determinar lo que aprende sino que lo realmente importante es la etapa de adquisición en que se encuentra. Un ejemplo sería la adquisición de la diferenciación de tiempos verbales. Desde un principio el niño no distingue el presente del pasado ni del futuro, aunque oye constantemente estas formas verbales. A medida que crece, va elaborando estos conceptos, aunque no se asocian necesariamente con la sintaxis incipiente en su habla. Más tarde el niño empieza a reconocer estas diferencias sintácticas (y formales) en el habla de los demás. Finalmente adquiere las reglas de correspondencia entre concepto y forma y empieza a usarlas sistemáticamente.

Ahora consideramos esta descripción de la adquisición de la lengua nativa en función del aprendizaje de un segundo idioma. Son interesantes los estudios sobre la adquisición de un segundo idioma por los niños. Para poder juzgar el estado del desarrollo de la gramática de un niño, examinamos su producción desde el punto de vista de la gramática de un adulto, o sea, anotamos los aspectos en los que ambas difieren, y tratamos de trazar el paso de reglas muy simples a las formas más complicadas de una gramática completa. Este análisis se ha llamado ANÁLISIS DE ERRORES aunque hay que tener en cuenta que lo que es un error desde el punto de vista de la gramática del adulto no lo es necesariamente en la gramática del niño. Los resultados de los estudios realizados hasta el momento revelan que los niños, al aprender un segundo idioma, cometen casi los mismos errores que cuando aprenden su idioma nativo. En conclusión, es muy posible que las estrategias que adopta un niño al adquirir un segundo idioma sean iguales, o por lo menos muy semejantes, a las que utiliza al aprender el primero.

Ahora cabe preguntarse qué significado tendrá esta información sobre la adquisición infantil al extenderlo al aprendizaje de los adultos. Ya hemos notado que existen diferencias entre el proceso de aprendizaje de idiomas que llevan a cabo personas de diferentes edades, diferencias que se reflejan en los métodos usados en su enseñanza. Una diferencia importante era que el niño tiene la habilidad de adquirir inconscientemente otra lengua sin ayuda formal, sin estudios, y sin intervención de su lengua nativa, mientras en los adultos esta habilidad parece ser más débil. Pero es posible que las diferencias provengan más de factores motivacionales que sean propiamente intrínsecas. El niño aprende el idioma de su cultura para poder comunicarse; los adultos (y nuestros estudiantes en particular) no sienten esta necesidad porque ya se comunican perfectamente bien con el inglés. Además, el niño adquiere su lengua a medida que va adquiriendo conceptos. La adquisición de su idioma le abre la puerta a todo lo que tiene que aprender y experimentar. No ocurre lo mismo con el adulto. El niño a medida que se desarrolla, vive el idioma dedicándole todo el tiempo disponible, del que no dispone el estudiante de un idioma extranjero. La gran mayoría de estudiantes de español, sean de enseñanza secundaria o universitaria, ni viven ni funcionan en una cultura hispánica. En la esterilidad del aula es imposible crear totalmente la realidad de una cultura viviente.

A pesar de estas diferencias, más bien afectivas o motivacionales, cabe preguntarse si existen semejanzas fundamentales en los procesos cognitivos de la mente. Es decir, nos gustaría saber si el modelo que ofrecemos como hipótesis para describir la adquisición de una lengua en el caso de los niños sirve también para la descripción del proceso seguido por los adultos. Algunos de los factores incluidos en nuestro modelo forzosamente tienen que ser iguales para los adultos. En principio el objeto mismo es igual: una gramática que consta de un léxico al que se asocian los componentes de las reglas. El estudiante también tiene poder generativo, es decir, puede generar oraciones que no ha oído nunca. En segundo lugar hay que postular que el estudiante al igual que el niño, también generaliza y establece hipótesis sobre las reglas, todavía provisionales, que constituyen lo que podemos llamar una GRAMÁTICA INTERMEDIA. Estas gramáticas intermedias son pasos paralelos en cuanto a la forma, si no al contenido, con las gramáticas intermedias del niño. El estudiante mejora con el paso del tiempo y adapta su gramática a la del hablante nativo de la lengua.

Si el proceso de aprender un segundo idioma es tal como se ha descrito, hay semejanzas fundamentales en tal proceso entre los niños y los adultos. Sin embargo, nos hemos referido solamente al proceso de aprendizaje abstracto. En términos concretos es muy posible que existan diferencias importantes. En primer lugar, no sabemos nada del proceso mismo usado por el niño para llegar a formular sus generalizaciones. El adulto parece razonar activamente y a veces hasta verbaliza la regla en el proceso de aprendizaje. En segundo lugar, hemos dado por sentado que el contenido de lo que se aprende es idéntico. El niño adquiere las estructuras de los diversos componentes de una gramática según un calendario más o menos fijo que parece estar relacionado con su desarrollo mental. El adulto en cambio no tiene esta limitación y el orden cronológico del aprendizaje podría variar mucho de un individuo a otro, sin que esto implique que no existan ciertos elementos básicos que se aprenden primero.

Examinemos ahora lo expuesto para relacionarlo con nuestras actividades en el aula de la clase. Queremos saber cuáles son las implicaciones del modelo de aprendizaje ya expuesto para la metodología de un curso y el contenido del mismo.

Nuestro trabajo como profesores tiene tres metas: (1) proporcionar al estudiante la oportunidad de oír el idioma y entenderlo; (2) ayudarle a extraer de lo que oye las generalizaciones necesarias: un léxico, reglas semánticas, reglas sintácticas, reglas morfológicas, y reglas fonológicas — es decir, construir una gramática; (3) proporcionarle la oportunidad de producir oraciones en un contexto comunicativo y significativo. En este texto nos interesará sobre todo el segundo punto; más exactamente, nos interesará el proceso de construir una gramática y el contenido de ella; sin embargo debe de subrayarse la importancia fundamental de puntos (1) y (3).

Hay solamente una manera de saber algo sobre el estado de desarrollo de un sistema gramatical: examinar la producción del estudiante. Si analizamos las oraciones producidas y las comparamos con la norma, es decir, con lo que produciría un nativohablante en la misma circunstancia, podremos llegar a ciertas conclusiones sobre el estado de la gramática del estudiante en esa etapa de su desarrollo. Son tres las causas de desviación de la norma: (1) pueden ser factores del momento: tener sueño, estar cansado, estar distraído, etc., es decir, el estudiante se equivoca sin que el error indique una deficiencia en su gramática; (2) puede indicar que ha aprendido la regla pero que no la aplica debidamente; y (3) puede indicar que la regla apropiada todavía no forma parte de su gramática. Como ejemplo del primer caso, muy frecuentemente el estudiante se equivoca en el uso del género gramatical diciendo, por ejemplo, *el leche*, cuando en momentos de menos presión sabe muy bien que *leche* es una palabra femenina. El segundo caso se da con casi todos los estudiantes al aprender el sistema de concordancia sujeto-verbo; pasan por un período en el cual aplican las reglas pero sin consistencia. Del último caso existen abundantes ejemplos. Los principiantes, por ejemplo, usan generalmente la forma del infinitivo o las formas del presente para representar los tiempos verbales que todavía no han aprendido. No es que no sepan la diferencia entre el presente y el pasado; simplemente no han aprendido las reglas morfológicas correspondientes.

Cabe ahora preguntarse cuál es la información que nosotros como profesores de lengua debemos tener para facilitar el proceso de aprendizaje de nuestros estudiantes. Hay varios factores que pueden influir en este aprendizaje de manera negativa: (1) no oyen la lengua hablada suficientemente para aprenderla; (2) no tienen suficientes oportunidades de practicar la producción; (3) son incapaces de formular la generalización adecuada a partir de los mismos datos; (4) la lengua materna influye negativamente. En los primeros dos casos se trata de una situación que puede remediarse mediante un cambio en los métodos y las técnicas en la misma clase. En el caso del (3) nosotros, como profesores, tenemos que reconocer que son pocos los adultos que pueden hacer las generalizaciones necesarias por el simple hecho de haber oído tan sólo hablar la lengua. El profesor tendrá que jugar un papel importante en este proceso de guiar al estudiante a las conclusiones adecuadas. En él (4), el profesor igualmente tiene que saber de antemano las posibles influencias de la lengua materna que puedan ser positivas o negativas, para poder utilizarlas o bien para contrarrestarlas en el momento debido.

El propósito de los capítulos que siguen será precisamente proporcionar al profesor el material adecuado en estas últimas dos áreas para que pueda guiar al estudiante en su larga labor de aprendizaje del español. Enfocaremos el tema desde un doble punto de vista. (1) ¿Cuál es el sistema que el estudiante trata de asimilar? ¿Cuáles son los errores que resultan de sus intentos cuando usa el sistema en las etapas en que todavía tiene un conocimiento reducido de él? (2) ¿En qué se asemejan y diferencian el sistema gramatical del español y el del inglés? ¿Cuándo serán útiles estas semejanzas y cuándo causarán problemas las diferencias? En este sentido, podemos decir que el nuestro es un texto de lingüística aplicada.

Sin embargo, quisiéramos advertir otra vez que la materia de este texto no puede presentarse en esta forma a estudiantes principiantes así como tampoco recomendamos para ellos el tipo de ejercicios que se han empleado aquí. Volvemos a repetir que ésta es la información que necesita el profesor al enseñar su curso y esto no implica que los estudiantes tengan que absorber estos conocimientos de una manera directa. Al contrario, somos de la opinión de que los componentes fonológicos, morfológicos, y sintácticos deben subordinarse siempre al componente semántico y que toda presentación en el aula debe de hacerse en términos de significado y no de forma.

GUÍA BIBLIOGRÁFICA

Para una introducción a la lingüística teórica y general recomendamos dos textos: Dwight Bolinger (1975) *Aspects of Language* y V. Fromkin y R. Rodman (1977) *An Introduction to Language*. Los dos están escritos en forma muy clara para el principiante.

Son tres los textos básicos tradicionales dirigidos al hispanista que trabaja en la enseñanza de la lengua. El de R. Politzer y C. Staubach (1965) *Teaching Spanish: A Linguistic Orientation* es el texto básico para una introducción a la metodología audiolingual con una discusión de la teoría lingüística (el estructuralismo) y la teoría psicológica (la teoría de la formación de hábitos) que se asocian con este método. El análisis contrastivo del inglés y del español fue hecho por R. P. Stockwell, J. D. Bowen y J. Martin (1965) y apareció en dos tomos: *The Sounds of English and Spanish* y *The Grammatical Structures of English and Spanish*. A pesar de que ha habido avances en el análisis lingüístico y en el análisis contrastivo, siguen siendo una fuente de información muy útil para el profesor de español. Una discusión de su propio trabajo por R. Stockwell se encuentra en R. P. Stockwell, "Contrastive Analysis and Lapsed Time" (1968). Es fácil ver la influencia del trabajo de estos lingüistas a través del presente texto. El trabajo de W. Bull (1965) se encuentra más accesible en su texto *Spanish for Teachers: Applied Linguistics* que tiene importancia desde varios puntos de vista. La tesis del Profesor Bull viene a ser que lo más importante para el estudiante es penetrar en el sistema mismo de la gramática española en los términos de ese sistema sin hacer referencia al sistema del inglés. De cara a realizar un análisis de errores a nivel práctico, el trabajo de Bull complementa el de Stockwell, Bowen y Martin.

Un trabajo general sobre el análisis contrastivo basado en el modelo teórico generativo-transformacional es el de R. DiPietro (1971) *Language Structures in Contrast,* aunque hay que advertir que la utilidad del texto dependerá de la validez del modelo mismo.

Otro trabajo general de interés es el volumen de K. Diller (1971) *Generative Grammar, Structural Linguistics and Language Teaching* en el que el autor intenta comparar la metodología de la enseñanza de idiomas extranjeros basada en el modelo lingüístico estructural con la metodología basada en el modelo generativo-transformacional. Resulta útil para los que quieren mantenerse al tanto de este tipo de controversias, que siempre surgen con un cambio en la metodología y la teoría lingüísticas. Por esta razón la presentación es un poco exagerada, pero estamos de acuerdo con sus principales conclusiones, aunque no creemos que se tengan que derivar del modelo generativo-transformacional. En cuanto a la metodología comparativa, encontramos muy satisfactoria la discusión de W. Rivers (1968) *Teaching Foreign Language Skills,* y se lo recomendamos a cualquier profesor de lengua.

Sobre la cuestión de la individualización se ha escrito mucho, pero sin duda alguna la mejor guía e introducción es el texto de R. Vallette y R. Disick (1972) *Modern Language Performance Objectives and Individualization.*

El tema de mayor interés en los últimos dos o tres años es el llamado análisis de errores así como las últimas investigaciones psicolingüísticas en la adquisición del lenguaje. Aunque ha habido muchos artículos de interés, no existen, que sepamos nosotros, manuales generales e introductorios sobre estos temas. Sin embargo, el profesor que quiera mantenerse al tanto deberá examinar las publicaciones que aparecen en revistas profesionales como *Modern Language Journal, International Journal of Applied Linguistics, Hispania, Annals* (del American Council on the Teaching of Foreign Languages), y sobre todo *Language Learning.* Existen dos colecciones de artículos sobre este tema: Jack Richards, editor (1974), *Error Analysis: Perspective on Second Language Acquisition* y John H. Schuman y Nancy

Stenson, editors (1974), *New Frontiers in Second Language Learning.*

Finalmente como bibliografía general para todas estas cuestiones recomendamos la de H. Frey (1974) *Teaching Spanish: A Critical Bibliographical Survey.*

Sección primera
PRONUNCIACIÓN

Introducción

En esta sección analizamos el sistema fonológico del español. En el capítulo uno, presentamos una descripción de la articulación de los sonidos básicos del español, comparándolos y contrastándolos con los sonidos más semejantes del inglés. De esta manera esperamos poder anticipar muchos de los problemas de interferencia con el inglés, para poder tomar medidas adecuadas a su resolución en el transcurso de la enseñanza. Incluimos una breve discusión del sistema ortográfico del español; es decir, de las correspondencias entre sonido y letra, que son tan importantes para el principiante. En el capítulo dos describimos el sistema de reglas fonológicas que el hispanohablante usa inconscientemente en su habla. También trataremos, donde sea posible, de hacer comparaciones con el inglés para anticipar las dificultades que se presentan al anglohablante en la adquisición de estos procesos.

En los dos capítulos, la descripción que haremos es la de la pronunciación de un hispanohablante sin rasgos regionales. Sabemos, sin embargo, que en la realidad la pronunciación del español varía de una zona a otra en el mundo hispánico, aun en las capas más educadas de una sociedad. Por esa razón hemos incluido en el capítulo dos una pequeña sección sobre las tres modalidades de pronunciación del español que cobran más importancia en los Estados Unidos: el mexicano, el caribense y el castellano.

El profesor de español tiene que tomar una decisión acerca de la modalidad fonética que será la base para la pronunciación en el aula de clase. Generalmente la pronunciación del profesor mismo sirve muy bien sin cambio alguno. En todo caso el tratar de cambiar la modalidad básica de la pronunciación de uno mismo sería muy difícil y se obtendrían resultados forzados y artificiosos. Sin embargo, si el profesor enseña en una zona donde predomina un grupo específico de hispanohablantes, sería una pérdida de esfuerzos y de recursos el tratar de enseñar una pronunciación muy distinta a la que emplea este grupo. Así, un profesor cubano, por ejemplo, enseñando en un área donde hay una gran concentración de mexicanos, o mexicano-americanos, tratará de eliminar en el aula de clase, sobre todo en el nivel de principiantes, los rasgos típicamente cubanos, ya que estos rasgos podrían confundir al estudiante cuando trata de usar su español con nativos. Esto debe hacerse sin tratar de forzar un acento mexicano, que también resultaría ridículo en boca de un cubano. Ante todo hay que desechar los prejuicios puristas que conllevan la idea de superioridad inherente de una pronunciación del español sobre otra.

Hay cuestiones muy serias que no tocamos. Nos gustaría saber hasta qué punto una terminología lingüística supone una ayuda en la adquisición de una buena pronunciación por parte de los estudiantes. Podemos afirmar, sin duda alguna, que la información incluida en esta sección es de gran utilidad para el profesor en su enseñanza, pero dudamos que una transferencia directa al aula de clase produzca el resultado deseado: una buena pronunciación. Tampoco podemos ayudar al profesor a establecer un equilibrio entre la explicación y la imitación en la clase. Sabemos que la explicación sin un buen modelo no produce una buena pronunciación; pero, tampoco es suficiente la imitación si ni el estudiante ni el profesor se dan cuenta de la causa del error. El problema es de equilibrio entre el aprendizaje, en el nivel consciente, y la adquisición, en el nivel inconsciente, por imitación.

Otra pregunta para la que no tenemos solución es la del énfasis que se debe de poner en la pronunciación, sobre todo en los niveles elementales. Hay quienes tratan de exigir una pronunciación casi perfecta desde el primer día y dedican mucho tiempo y esfuerzo a esta meta. Algunos creen que si no se establecen buenos hábitos de pronunciación desde el comienzo de los estudios, será muy difícil erradicar más tarde los malos hábitos. Como hemos dicho, no tenemos una respuesta que ofrecer; no hay pruebas definitivas para estas hipótesis. Sin embargo, sospechamos que la posición es poco realista. Es muy probable que para la mayoría de los estudiantes, la adquisición de una buena pronunciación dependa crucialmente de haber podido escuchar, durante un período de tiempo relativamente largo, el español hablado en la conversación normal. Por eso, nosotros preferimos tratar de establecer, lo más rápidamente posible, una pronunciación en un nivel aceptable que luego se puede mejorar a través de los años de estudios y de experiencia en el uso de la lengua.

Otro punto muy debatido afecta la relación entre el sistema fonológico, los sonidos y los procesos fonológicos, y la ortografía. Es obvio que el niño adquiere primero el sistema fonológico y luego, si va a la escuela, aprenderá la ortografía. Así, en un plano teórico el sonido es central y la letra secundaria. Además el sistema ortográfico del idioma nativo crea serias interferencias en la pronunciación del segundo. Por estas razones muchos argumentan que en el aula de clase deben enseñarse primero los sonidos y después la correspondencia ortográfica. Sin embargo, también hay argumentos en contra de esta posición. Nuestros estudiantes no son niños jóvenes; están acostumbrados a usar el lenguaje escrito en casi todos sus estudios, ya sean las matemáticas, las ciencias o las lenguas. Además, sabemos que una imagen escrita puede servir para estimular la memoria, y que es más difícil recordar una cosa transmitida solamente por el oído que una transmisión por el oído y por la vista. Por estas razones nosotros no separamos la enseñanza del sonido y su signo ortográfico sino que los presentamos juntos.

En resumen, trataremos de presentar la información que estimamos de mayor utilidad para el profesor en su tarea de enseñar la pronunciación del español a sus estudiantes, Sin embargo, es el profesor mismo quien debe adaptar la materia a su contexto específico.

Guía bibliográfica

A pesar de los adelantos en el plano de la teoría fonológica, la mejor guía para una descripción de la pronunciación del español es la obra de Tomás Navarro Tomás (edición, 1957) *Manual de pronunciación española*. Es una obra tradicional, basada en una descripción fonética esmerada, sin pretensiones teóricas. Este texto debe figurar en la colección de todo profesor de lengua española. Para la pronunciación americana del inglés recomendamos la consulta de A. J. Bronstein (1960), *The Pronunciation of American English*. Hay que advertir que los dos son muy detallados en su extensión descriptiva.

Existen varios modelos de teoría fonológica que pueden ser de interés para el profesor de lengua. El más conocido en los Estados Unidos y el más aplicado a la enseñanza es el modelo estructuralista americano cuyos postulados principales se concentran en el FONEMA. La teoría fonémica es la base de R. P. Stockwell y J. D. Bowen (1965) en su análisis contrastivo del inglés y el español en su *The Sounds of English and Spanish;* los ejercicios prácticos se encuentran en J. D. Bowen y R. P. Stockwell (1960), *Patterns of Spanish Pronunciation*. Dentro de la misma escuela teórica está el tomo de R. Hadlich, J. Holton y Matías Montes (1968) *A Drillbook of Spanish Pronunciation*, muy accesible al principiante para los aspectos teóricos, y que además incluye ejercicios prácticos. El modelo estructuralista europeo (la llamada "Escuela de Praga") que sigue una gran parte de los lingüistas del mundo hispánico, también hace uso del fonema, pero además se vale de conceptos teóricos como el archifonema y los llamados rasgos distintivos. Una introducción a este modelo se encuentra en la obra de E. Alarcos Llorach (1965), *Fonología española*. Su aplicación a la enseñanza de la pronunciación española está expuesta en el texto de A. Quiles y J. Fernández (1964), *Curso de fonética y fonología españolas*, también con notas y ejercicios especialmente orientados hacia los anglohablantes.

Frente a los modelos estructuralistas han sido expuestos tres modelos generativos, cuya base teórica principal es la regla fonológica. El primer modelo, desarrollado principalmente por Morris Halle (M.I.T.), es el abstracto, y su mejor exposición para el inglés es el tomo de Noam Chomsky y Morris Halle (1968), *The Sound Patterns of English* y para el español el de James Harris (1969), *Spanish Phonology*. Hay dos variaciones de este modelo que son la fonología generativa natural de Theo Venneman y David Stampe (en versiones ligeramente diferentes), cuya exposición más clara para el hispanista se encuentra en el trabajo de Joan B. Hooper (1976), *An Introduction to Natural Generative Phonology* y la sociolingüística de William Labov para la cual recomendamos *Sociolinguistic Patterns* de él mismo (1972).

capítulo 1
LOS SONIDOS DEL ESPAÑOL

**Fonética articulatoria / Acentuación, ritmo,
entonación / Las vocales / Las semivocales
y las semiconsonantes / Las consonantes /
Problemas ortográficos**

Fonética articulatoria

La fonética es el estudio de los sonidos que usa el ser humano
en su lenguaje. La fonética puede dividirse en tres ramas básicas: FONÉTICA ARTICULATORIA, que trata de la reproducción de sonidos por medio de los órganos del cuerpo humano; FONÉTICA
ACÚSTICA, que trata de la transmisión de sonidos, y FONÉTICA AUDI-
TIVA, que trata de la recepción de sonidos por el oído. La rama
de la fonética que más concierne al profesor de español es la
articulatoria, y dentro de esta rama lo más fundamental es la
clasificación y descripción de la producción de los sonidos del
lenguaje. La descripción se hace refiriéndose a los órganos pro-
ductores de sonidos y a la manera en que se usan esos órganos.
El cuadro 1 ilustra los órganos y zonas de articulación más importantes para nuestra discusión de los sonidos del español y
del inglés.

La división tradicional de los sonidos los distribuye en dos
grupos básicos de acuerdo con la presencia o ausencia de obs-
táculos que interrumpan la salida del aire de los pulmones. Los
sonidos que se producen sin mayor obstáculo son las VOCALES, y
éstas cambian según la posición de la lengua, de los labios y

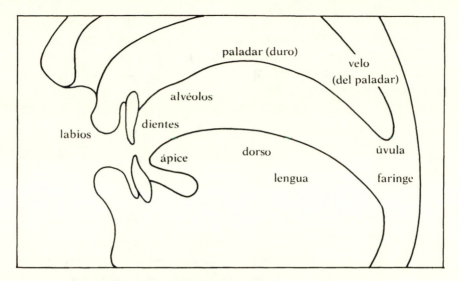

Cuadro 1: Los órganos y las zonas de articulación

según la abertura bucal. Las CONSONANTES en cambio se forman como resultado de una obstrucción parcial o total, generalmente de la lengua.

Acentuación, ritmo, entonación

En español hay sílabas acentuadas, las TÓNICAS, y sílabas no acentuadas, las ÁTONAS. Las tónicas resaltan porque al pronunciarlas se les da mayor intensidad que a las átonas. Generalmente al acentuar la palabra en español cambia muy poco el nivel del TONO de la voz y tampoco se alarga mucho la vocal que funciona como núcleo de la sílaba acentuada. Hay pares de palabras que contrastan en su significado según la sílaba acentuada: *papá/ papa, habló/hablo, lastimó/lastimo, lástima/lastima.*

En inglés, la descripción de la acentuación normal de las palabras es mucho más compleja. Se combinan normalmente tres factores físicos: un aumento de INTENSIDAD, un cambio en el nivel del TONO y un ALARGAMIENTO en la sílaba acentuada. Debido a que existen tres componentes en el inglés frente a uno en español en situaciones normales, resulta más fácil en inglés distinguir fonéticamente varios niveles de acentuación. Así se diferencia un acento primario (que indicaremos con 1), un acento secundario (que indicaremos con 2), un acento terciario (que indicaremos con 3), y hasta podemos incluir un acento cuaternario (4). Un ejemplo de contraste en inglés puede observarse en casos de sustantivos compuestos y en la combinación sintáctica del adjetivo y sustantivo:

1   3   2   1

greenhouse (vivero), green house (casa verde)

Otro contraste lo encontramos en algunas parejas de sustantivos y verbos:

1 3   2 1

import (artículo importado), import (acción de importar algo)

Es difícil comparar la acentuación española con la inglesa por la diferencia que existe entre sus mismos componentes: intensidad en español e intensidad, duración y cambios tonales en inglés. Sin embargo, si comparamos en términos generales el efecto acústico de las sílabas tónicas y átonas del español con los distintos niveles del inglés, resulta que las sílabas átonas del español se parecen mucho a las sílabas que en inglés llevan acento secundario. Al comparar

2   1   1

a blue shirt con *habló*

el acento secundario en *blue* está muy próximo en intensidad a la primera sílaba de *habló*. Así, el profesor no ayuda a sus estudiantes si exagera mucho la diferencia de intensidad entre sílabas tónicas y átonas, ya que la dificultad está en enseñar a diferenciar sílabas con variaciones menores de intensidad.

La DURACIÓN y la TENSIÓN de las vocales en inglés están relacionadas directamente con "la cantidad" de acentuación. Además la duración y la tensión varían mucho en inglés y poco en español. Por lo general, en inglés las vocales débilmente acentuadas se reducen a un sonido muy corto y relajado, de articulación central, llamado "SCHWA" y simbolizado con [ə]. Puede notarse esta reducción cuando cambia el lugar del acento: a*ble* con una vocal larga [e], a*bility* con *a* átona pronunciada con "schwa" [ə]. En español no hay reducción en sílabas átonas; las diferencias vocálicas se mantienen: *pisó, pesó, pasó, o piso, pise, pisa.* Un caso común en inglés es el de la letra *a* final átona que casi siempre representa "schwa": *Canada, comma, saga,* etc.

Esta tendencia es muy fuerte en inglés y causa problemas de transferencia ya que la [a] átona es muy común del español: *una chica bonita y simpática*. El anglohablante tiene que prestar mucha atención para evitar la transferencia al español de esta reducción vocálica que es natural para él.

Para poner especial énfasis en una sílaba (*Este libro no es* **mío**; *es* **tuyo**) el hispanohablante emplea cualquier combinación de los factores mencionados: aumenta la duración de la vocal de la sílaba acentuada, eleva el tono de la voz, aumenta la intensidad, o combina todos estos factores. En inglés, debido a que se usan desde un principio los tres factores para el acento normal, se aumentan generalmente los tres para producir un acento enfático. Por consiguiente, si se aplica el acento normal no enfático del inglés a la pronunciación del español, nos da la impresión de que el estudiante habla con mucho énfasis. Y si transfiere un tono enfático del inglés al español, el resultado es aún más exagerado.

Otro aspecto de interés surge de la diferencia al aplicar las reglas de acentuación. En inglés, como ya se dijo, se pueden distinguir varios grados de acentuación, mientras que en español se distinguen normalmente dos: sílabas tónicas y átonas. Cada palabra tiene una sola sílaba tónica y las demás son átonas. Por ejemplo en la frase *de la imposibilidad* hay siete sílabas átonas y la octava es tónica. En inglés hay una tendencia a alternar sílabas tónicas y átonas, como en el caso de *im-pós-si-bí-li-ty* o *gén-er-al-i-zá-tion*. Esta tendencia a alternar las sílabas tónicas con las átonas está relacionada con el ritmo llamado ACENTUAL, que es el ritmo básico de la lengua inglesa. Siguiendo un ritmo acentual el anglohablante trata de mantener el mismo número de sílabas tónicas en un período de tiempo dado. En las oraciones *He's* **góing** *to* **swím**/*He's* **góing** *to the* **móvies**, la segunda oración consta de dos sílabas más que la primera, y sin embargo ésta se pronunciará en el mismo espacio de tiempo que aquélla porque el número de acentos primarios es el mismo. Lo que acabamos de exponer no sucede en español porque el ritmo del idioma es SILÁBICO sin que exista referencia alguna a su acentuación; es decir, la duración de una oración en español depende directamente del número de sílabas que contiene la oración y no del número de sílabas tónicas, que es precisamente el factor principal que determina la duración de la oración en inglés. Llevará más tiempo pronunciar una oración larga que una corta en español. El efecto acústico que produce el español al oído acostumbrado al ritmo acentual del inglés es semejante al de una ametralladora en su consistencia y en su rapidez. Los hispanohablantes por otra parte encuentran que la pronunciación del inglés a veces no resulta clara. Observan que algunas sílabas ni siquiera se oyen, observación explicable por la tendencia a hacer resaltar las sílabas tónicas y relajar la pronunciación de las débilmente acentuadas y las átonas.

Nuestros estudiantes tendrán que prestar atención para eliminar la influencia de estas características de la pronunciación inglesa cuando pronuncien el español. Hay ejercicios que les ayudarán a dominar las tendencias del inglés. Recomendamos que se empiece con un esfuerzo por nivelar el ritmo. El estudiante debe concentrarse en la producción de sílabas tónicas sin usar cambios tonales o realizar alargamientos de las vocales. Luego se debe concentrar en producir sílabas de igual duración. Es aconsejable empezar con palabras de dos sílabas: *papá/papa*, *habló/hablo*, *tomó/tomo*. Después pasará a palabras trisilábicas como: *lástima/lastima*, *rápido/rapidez*, *trabaja/trabajar*, y conviene seguir aumentando así el número de sílabas: *présteselo*, *monótono*, *disciplina*, *melocotón*, *devuélvamela*, *acercándose*, *responsabilidad*, *constitucionalidad*.

Las normas de ENTONACIÓN en ambos idiomas consisten en la sucesión de altos y bajos en la tonalidad. Hay mucho que investigar todavía en esta materia pero en general podemos afirmar que los cambios de entonación son más exagerados en inglés que en español, aunque es difícil generalizar a causa de la gran variación que existe tanto entre los hispanohablantes como entre los anglohablantes. Por ejemplo, al pronunciar la oración *John is studying Spanish*, el tono del inglés empieza en un nivel más o menos intermediario, sube un poco en la sílaba *Span* porque es la última sílaba acentuada, y después baja notablemente al final de la oración. Si usamos una escala relativa de niveles: 1 (nivel bajo), 2 (nivel intermediario) y 3 (nivel alto), la descripción de la pauta de entonación para este ejemplo sería 2-3-1. Para darle énfasis a una palabra, el hablante puede elevar el tono a un nivel más alto, el 4 (nivel enfático).

Si ahora comparamos el ejemplo anterior con una oración semejante en español: *Juan está estudiando español*, vemos que aunque la voz empieza en el nivel intermediario en los dos idiomas, en español no se eleva al nivel más alto en la sílaba final acentuada, sino que desciende al nivel más bajo. Esta pauta, que es típica de la oración afirmativa del español, es 2-2-1. En español es el tercer nivel el que se emplea en los casos de énfasis. En otras palabras lo que es normal en inglés resulta exagerado si se aplica a la pronunciación del español.

Otra diferencia en las pautas de entonación en los dos idiomas se observa en el final suave de muchas de las vocales finales inglesas y en su duración relativamente larga. Muchas veces, en inglés la caída del tono en la última sílaba acentuada resulta lenta y suave; en cambio, en español, la caída del tono es generalmente abrupta. Veamos un diagrama comparativo:

John is studying Spanish.   *Juan está estudiando español.*

Se ve entonces que los tres factores llamados SUPRASEGMENTA-LES O PROSÓDICOS que son la acentuación, el ritmo, y la entonación, están íntimamente relacionados. Normalmente los errores cometidos en los rasgos suprasegmentales por parte de los estudiantes no causan grandes problemas de comprensión a los hispanohablantes. Muchos estudiantes que han tenido suficiente oportunidad de oír el español tendrán facilidad para adquirir la pronunciación del español, pero otros necesitarán ejercicios y ayuda especial del profesor para lograr dominar los elementos suprasegmentales del español.

Las vocales

Las vocales pueden describirse en relación a la zona de articulación que existe entre el paladar duro y el velo del paladar. La zona a explorar por lo que respecta a las vocales es mucho más reducida que la que veremos en el caso de la articulación de las consonantes. La clasificación de las vocales de acuerdo con la posición de la lengua puede verse en el cuadro 2, donde se indican tres posiciones horizontales (ANTERIOR, CENTRAL y POSTERIOR) y tres verticales (CERRADA, MEDIA y ABIERTA).

Usando este esquema se puede clasificar la [i] como una vocal anterior cerrada y la [a] como una vocal central abierta. Esta

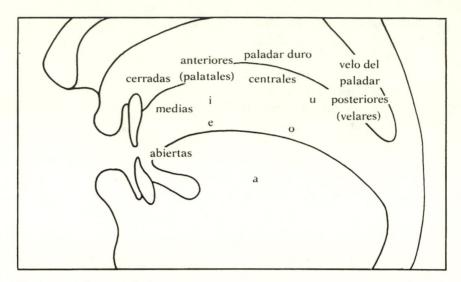

Cuadro 2: La posición de las vocales del español

clasificación nos permite tratar las vocales de acuerdo con los grupos fonéticos naturales, por ejemplo, la [i] y la [u] son vocales cerradas y la [u̯] y la [o] son vocales posteriores.

El sonido de la vocal española se caracteriza por la suavidad con que se emite. Hay un acercamiento de las cuerdas vocales, de manera lenta, al principio del sonido vocálico. El final del sonido de la vocal española, en cambio, es rápido y seco porque las cuerdas vocales cesan de vibrar de una manera algo abrupta. En el caso de las vocales en inglés sucede precisamente lo contrario. El comienzo de una vocal inglesa se caracteriza por un inicio duro, que va acompañado frecuentemente por un ruido glotal que se llama GOLPE DE GLOTIS. Al final de de la emisión de la vocal inglesa en cambio las cuerdas vocales dejan de vibrar lentamente. A. Quilis y J. Fernández (1964) demuestran esta diferencia entre las vocales españolas e inglesas con el esquema en el cuadro 3.

Estas observaciones son válidas por lo que respecta a las vocales pronunciadas aisladamente, sin consonantes. Sin embargo, también en un contexto silábico este fenómeno desempeña un papel importante, y la influencia del inglés puede causar ciertas distorsiones. Por ejemplo, en las sílabas del tipo consonantevocal el anglohablante tiende a alargar el final de la vocal tal como hace en inglés. Este error se nota sobre todo si la sílaba es final, ya sea en una palabra o en una frase, como por ejemplo en *Pedro* o *ya se lo di*. En cuanto a las vocales iniciales del inglés, existe una fuerte tendencia a separar las palabras que empiezan con vocal de la palabra precedente por medio de un golpe de glotis. *An egg*, por ejemplo, se pronuncia generalmente *an ʔ egg*, con golpe de glotis ante la vocal de *egg*. En español la vocal se caracteriza por un inicio suave sin golpe de glotis, y por eso se favorece la unión de consonantes y vocales. Así combinaciones como *los osos* se pronunciarán *lo-so-sos* y, de la misma manera, las vocales contiguas se juntarán pronunciando *le ha hecho* como *leae-cho*. Un comienzo duro aplicado a estas vocales rompería el ritmo básico del español. En medio de una palabra inglesa también se usa el enlace suave entre vocales. Por ejemplo, en la palabra *diameter* no hay golpe de glotis entre las dos vocales contiguas. El estudiante debe, pues, aprender a extender esta práctica a las vocales españolas a todos los contextos y no restringirla a las vocales que van dentro de una palabra. El no usar el golpe de glotis a veces resulta bastante difícil para el anglohablante, que por lo general enfatiza la palabra como entidad separada.

Para examinar la pronunciación de las vocales inglesas y las españolas en sílabas acentuadas y en otros contextos, agregaremos a la descripción básica tres rasgos más que facilitarán la comparación: REDONDEZ, TENSIÓN y DURACIÓN. La redondez se refiere a la posición de los labios; una vocal puede ser pronunciada con abertura labial redondeada o alargada. La tensión se

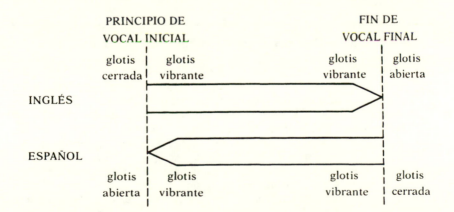

Cuadro 3: La posición de la glotis durante la articulación de vocales

refiere a la relativa rigidez de los órganos articulatorios; una vocal puede variar de tensa a relajada. La duración se refiere a la cantidad de tiempo requerido para pronunciarla; las vocales pueden variar de largas a cortas.

Identificaremos las vocales distintivas del español y del inglés en sílabas tónicas mediante un proceso de conmutación. Si al conmutar dos sonidos, hay un cambio de significado, decimos que los dos sonidos son FONEMAS distintos. Usamos barras oblicuas / / para destacar el estatus fonémico, es decir, para indicar que el cambio de un sonido a otro puede alterar el significado de la palabra, como se ve en el cuadro 4 de conmutaciones mínimas [1]

	Español		*Inglés*	
Anterior cerrada	/i/	piso	/i/	leak
			/I/	lick
Anterior media	/e/	peso	/e/	lake
			/ɛ/	Lec(ture)
Abierta	/a/	paso	/æ/	lack
			/a/	lock
Posterior media	/o/	poso	/o/	loc(ate)
			/ʌ/	luck
Posterior cerrada	/u/	puso	/u/	luke
			/ʊ/	look

Cuadro 4: Fonemas vocálicos del español y del inglés

---

[1] Seguiremos usando los corchetes [ ] cuando queramos referirnos a un sonido específico. Por ejemplo, sabemos que la pronunciación de la vocal central abierta, la *a*, puede variar en el mundo hispánico desde muy palatal a velar. Unas veces su duración es corta, y otras, en cambio, larga. Estas variantes las podríamos representar con distintos símbolos fonéticos, usando siempre los corchetes: [a]. Si esta variación no nos interesa usaremos el símbolo fonémico /a/ para representar la clase de vocales abiertas que se diferencia de las demás clases de vocales /i, e, o, u/. Los símbolos entre barras oblicuas / / representan los fonemas de un idioma, es decir, los sonidos que funcionan de una manera distinta o contrastiva.

LOS SONIDOS DEL ESPAÑOL

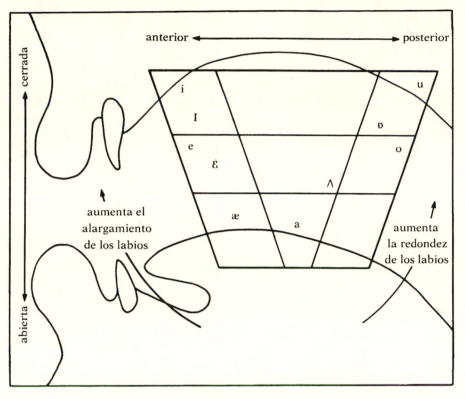

En el cuadro 5, los vocales del inglés

Cuadro 5: Posición de las vocales inglesas y españolas

En el cuadro 5, los sistemas vocálicos del español y del inglés se sobreponen para hacer una comparación directa en relación a la posición de la lengua en su pronunciación.

Como regla general, las vocales españolas están sujetas a un mínimo de variación; cambian poco de un lugar a otro en el mundo hispánico. Además la tensión y duración de las vocales en español no se alteran excesivamente en los diferentes contextos fonéticos: son, por regla general, tensas y cortas. La /u/ y la /o/ se pronuncian con los labios en una posición redonda, mientras que la /i/ y la /e/ se pronuncian con los labios en una posición alargada. La /a/ es intermedia entre estos dos grupos en cuanto a redondez.

La /a/ española es una vocal abierta, central, corta y tensa. Hay dos vocales abiertas en inglés: /æ/ (en *cat, rat, hat*, etc.), /a/ (en *father, palm, balm*); en inglés americano: *hot, rot, cot, top;* y en el oeste de los EE.UU. en palabras como *log, bog, caught, talk, walk*.[2] Dentro del sistema inglés, las dos vocales abiertas son relativamente tensas, pero al compararlas con el sistema español vemos que el grado de tensión es mayor en éste. Comparadas con la /a/ española, las vocales inglesas /a/ y /æ/ son algo más largas. La pronunciación de /a/ inglesa puede ser casi igual a la española, pero hay variación en distintas zonas geográficas sobre todo del mundo inglés. Sin embargo, el problema no es que los estudiantes norteamericanos no articulen bien el sonido, sino que están acostumbrados a asociar el sonido /a/ con la letra *o* (en *hot, rot, pop, sop*) y a asociar el sonido /æ/ con la letra *a* (en *cat, hat, rat*). De ahí proviene la fuerte tendencia del alumno a usar /æ/ cuando ve la letra *a* sobre todo en palabras semejantes como *español, blanco, pase* y a usar /a/ cuando ve la letra *o* en *promesa, conferencia, oficina*.

Las vocales no abiertas presentan más dificultades que las abiertas. En inglés hay cuatro pares de vocales no abiertas:

Largas		*Cortas*	
/i/	bee, beat	/I/	bit
/u/	sue, luke	/ʊ/	look
/e/	bay, bait	/ɛ/	bet
/o/	bow, boat	/ʌ/	but

En estos ejemplos, las llamadas vocales largas /i/, /u/, /e/, /o/ aparecen en sílaba abierta (sílaba que termina en vocal) o en sílaba cerrada (sílaba que termina en consonante), mientras que las llamadas cortas /I/, /ʊ/, /ɛ/, /ʌ/ en palabras monosilábicas se encuentran principalmente en sílabas cerradas. Las sílabas en español tienden a ser abiertas, y por eso la tendencia más fuerte será sustituir las vocales largas /i/, /u/, /e/, /o/ por las correspondientes españolas. Por esa razón, conviene entrar en mayor detalle sobre la pronunciación de estas vocales

---

[2] En el este y el sur de los Estados Unidos en los últimos ejemplos se usa un sonido vocálico posterior abierto redondeado, simbolizado con [ɔ]. Este sonido se asocia con ciertas combinaciones de letras como *-og, -os, -of* (final), *-ong* (final), *-ough, -al* + consonante, y otras. No lo incluimos aquí por su distribución limitada en el inglés americano y porque tiene poca influencia en la pronunciación del español por parte de los anglohablantes. Lo hemos notado solamente en palabras correspondientes como *causa* (cf. *cause* del inglés).

inglesas cuando se encuentran en sílaba abierta y tónica, para anticipar la transferencia del inglés al español. Por regla general las vocales españolas se producen con más tensión que las inglesas. Además, el final suave de la vocal en inglés favorece los sonidos vocálicos relativamente largos. Casi siempre, esta duración y relajación conlleva un cambio en la posición de la lengua. Por esa razón es más exacto representar al nivel fonético estas vocales largas como diptongos, es decir, la combinación de una vocal y una semivocal: [ii̯], [ei̯], [ou̯], [uu̯].[3] Otro resultado de la poca tensión del inglés (en comparación con el español) es que las vocales /u/, /o/ no van acompañadas de tanta redondez de los labios como en español, y las vocales /i/, /e/ no comparten, igualmente, tanto alargamiento de los labios. Así, se puede mejorar la pronunciación de las vocales españolas /i, e, o, u/ si el alumno tiene en cuenta que son vocales puras, o sea, que se mantiene la misma posición de la lengua a través de toda la pronunciación de cada vocal, que son cortas con final tajante y seco, y que son muy tensas.

En inglés existen ciertas restricciones en la distribución de las vocales largas y cortas. Ya vimos en los ejemplos anteriores que las vocales largas /i, e, o, u/ pueden aparecer en sílabas abiertas o cerradas, pero que las cortas /I, ɛ, ʌ, ʊ/ con ciertas excepciones se restringen a las sílabas cerradas. Hay ciertas posiciones silábicas en las que aparecen solamente las vocales cortas /I, ɛ, ʌ, ʊ/. Los ejemplos con /I/ son muy comunes: *impossible, dictionary, displease,* etc. La tendencia a usar este sonido inglés en español se observará cuando el alumno pronuncie palabras semejantes como *imposible, disgustar, incorporarse.*

Con la /u/ española, pueden surgir problemas porque en inglés existe un contraste entre /yu/ y /u/, es decir /u/ precedida de una semiconsonante /y/ como en *few, hue, cue, beauty* y /u/ sin semiconsonante como en *fooey, coo, moo, boo.* El anglohablante está acostumbrado a asociar esta /y/ ante /u/ con la letra *u,* mientras que la /u/ sin /y/ precedente se asocia con las

---

[3] Los diptongos se examinarán más adelante en este capítulo. El símbolo "‿" indica que la vocal no tiene silabicidad y la llamamos semivocal. Por ejemplo, en [ai̯] de *aire* la [a] es el sonido vocálico que sirve como núcleo de la sílaba mientras la [i] es más corta y más débil y no forma por sí sola otra sílaba.

letras *oo*. Así en palabras españolas como *cura* y *película* se oye con frecuencia /yu/ en vez de /u/ entre estudiantes principiantes.

Las semivocales y las semiconsonantes

La estructura silábica del español es relativamente sencilla: el número de sílabas de una palabra depende, en general, del número de vocales. Hay solamente una restricción: si las vocales cerradas átonas /i, u/ van precedidas o seguidas de otra vocal, no suelen ser el nucleo de una sílaba separada. Estas vocales no-silábicas se llaman SEMICONSONANTES si preceden al sonido vocal silábico y SEMIVOCALES si lo siguen. Llamaremos DIPTONGO a cualquier combinación de semivocal o semiconsonante más otra vocal. Usaremos [i̯], [u̯] como símbolos fonéticos para las semivocales; [y], [w] para las semiconsonantes. Veamos en el cuadro 6 las posibles combinaciones en español.

En los casos de semiconsonante más vocal, se debe evitar la tendencia del alumno a pronunciar dos sílabas en vez de una. Por ejemplo, se oye con frecuencia *bu-e-no* en vez de *bu̯e-no*. Esto se debe en parte a la tendencia del inglés a alargar la primera de dos vocales seguidas y mantener cada sonido vocálico separado. Comparen, por ejemplo, la pronunciación inglesa de la palabra española *patio: pa-ti-o* (inglés) vs. *pa-tio* (español).

El diptongo más difícil de enseñar es /eu/ porque no existe en inglés. *Europa, Eugenia* se pronuncian en inglés con semivocal

Semiconsonante más vocal			
y + e	tie-ne	w + e	bue-no
y + a	ha-cia	w + a	cuan-do
y + o	dio	w + o	cuo-ta
y + u	viu-da	w + i	cui-dar
Vocal más semivocal			
e + i̯	pei-ne	e + u̯	Eu-ro-pa
a + i̯	ai-re	a + u̯	au-la
o + i̯	boi-na		

Cuadro 6: Diptongos del español

Cuadro 7: Diptongos semejantes

Español		Inglés	
ai̯	hay	aI̯	high
oi̯	hoy	oI̯	boy
au̯	causa	aʊ̯	cow

más vocal /y + u/. El profesor debe destacar los componentes del diptongo español /e/ más /u/ pronunciándolos en una sola sílaba. Con los demás diptongos no hay serias dificultades.

Las parejas que se ven en el cuadro 7 se parecen mucho, pero hay pequeñas diferencias. Los diptongos son más tensos en español y, por consiguiente, las semivocales serán más largas. Por ejemplo, en español el diptongo [ai̯] empieza con la lengua en la posición de la [a] abierta y central, y luego se desliza hacia la posición de la [i], posición cerrada y anterior (cuadro 8).

En inglés, [aI̯], el punto inicial de [a] puede variar (y pronunciarse más anterior o más posterior) según el dialecto. Además, dada la pronunciación relativamente relajada, la lengua no llega a la posición de [i], y por regla general apenas llega a la posición de una [I] (cuadro 9).

Los diptongos en español son tensos y largos con semivocales tensas. En inglés, los diptongos son más relajados, más cortos, con semivocales más relajadas. Otras diferencias se encuentran en las vocales iniciales de los diptongos, según el dialecto, en inglés. La /a/ de [aI̯] puede ser más anterior o posterior según el dialecto. La /o/ de [oI̯] a veces no conlleva tanto redondeamiento de los labios, resultando en consecuencia más abierta que en español. La /a/ de [aʊ̯] es, por lo general, bastante an-

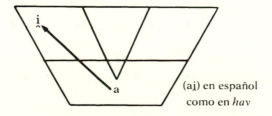

(ai̯) en español
como en *hay*

Cuadro 8: Deslizamiento en [ai̯] en español

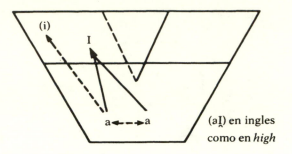

(aɪ̯) en ingles
como en *high*

Cuadro 9: Deslizamiento de [aɪ̯] en inglés

terior, y a veces se aproxima a [æ]. Esta anteriorización no se da en español con [au̯].

Los diptongos del español y del inglés contrastan con las vocales simples: español (*are/aire*), inglés (*hot/height*). Esto no sucede con /i, e, o, u/ en inglés, casos en los que el uso de una semivocal depende de la cantidad de acentuación, su posición en una sílaba, y el énfasis. Por lo tanto, no hay posibilidad de contraste en inglés entre [oʊ] y [o], [uʊ̯] y [u], [iɪ̯] y [i], [eI] y [e]. Los diptongos [ou̯], [ii̯], [uu̯] no existen dentro de una palabra en español; tampoco hay, por tanto, posibilidad de contraste. En cambio [eɪ̯] y [e] sí contrastan: *peinar, penar.* El problema, pues, del diptongo [eɪ̯] no es solamente aprender a pronunciarlo sino diferenciarlo de la vocal simple /e/. La clave está precisamente en pronunciar las vocales españolas cortas y tensas y los diptongos largos y tensos, haciendo resaltar la semivocal del diptongo.

Veamos ahora combinaciones de palabras en las que una acaba en vocal y la siguiente empieza con vocal. Si una de estas vocales es /i/ o /u/ no acentuadas, en general, se formarán diptongos. Es decir, lo que dentro de la palabra es una restricción sobre la formación de sílabas en español, entre palabras se transforma en una especie de regla fonológica.[4] Por ejemplo /i/, /u/ pierden su silabicidad y se convierten en semivocales o semiconsonantes: *mi alma* [myal-ma], *tu alma* [twal-ma], *casi allí* [ka-sya-yi], *habló igual* [a-βloi̯-ǥwal]. Incluso combinaciones que no son comunes o que no se producen en la palabra aislada, pueden aperecer entre palabras, por ejemplo: *formo unión* [for-

---

[4] Examinaremos el concepto de reglas fonológicas en el capítulo 2.

mou-nyon], *comí higos* [ko-mi i̯-gos], *espíritu humano* [es-pi-ri-tuu̯-ma-no]. En los dos últimos ejemplos las vocales en posición final e inicial son idénticas, y al hablar con rapidez normal se reducirán a una sola vocal, generalmente larga: *mi hijo* [mi-xo].

Las consonantes

La descripción de los sonidos consonánticos se hace de acuerdo con tres criterios: su SONORIDAD (si vibran o no las cuerdas vocales), su PUNTO (o lugar) de articulación, y su MODO de articulación. Examinaremos con detalle estos tres factores.

Si al emitir un sonido se interrumpe por completo la corriente de aire, el sonido es OCLUSIVO como /p/ en *palo*, donde la corriente de aire se interrumpe al cerrar los labios o /t/ en *taco*, donde la corriente se interrumpe por el contacto entre la lengua y los dientes superiores. Un sonido FRICATIVO se produce cuando se acercan dos órganos articulatorios sin que se interrumpa por completo la corriente de aire. Por ejemplo en la producción del sonido /f/, como en *farsa*, hay una fricción que produce el aire cuando pasa entre el labio inferior y los dientes superiores. La fricción del sonido /s/, como en *son*, resulta del acercamiento de la lengua contra los alvéolos. Un sonido AFRICADO es la combinación de un sonido oclusivo seguido de otro fricativo, es decir, hay una cerrazón completa seguida de fricción. El ejemplo más importante en español es /č/ de *chico*, donde la cerrazón es el resultado del contacto de la punta de la lengua con el paladar, seguido de un relajamiento que permite la salida del aire para crear una fricción en el mismo punto de articulación. Un sonido LATERAL, como /l/ de *lana* se produce cuando el aire se desliza por los dos lados de la lengua. Los sonidos NASALES se producen cuando el velo de paladar se separa de la faringe dejando que el aire pase por la nariz. Por ejemplo, en /n/, como en *nada*, hay una cerrazón que resulta del contacto del ápice de la lengua contra los alvéolos; el aire atrapado así escapa por la cavidad nasal. Hay dos tipos de sonidos que llamamos VIBRANTES. En la producción del SIMPLE, la /r/ de *hablar*, la lengua vibra una sola vez contra los alvéolos. En cambio el vibrante MÚLTIPLE se produce con más de una vibración; un ejemplo es la /rr/ de *perro*.

La clasificación de los sonidos según su punto de articulación se hace tomando como referencia los órganos que sirven para formar el obstáculo a la salida del aire. Son siete las posiciones que nos interesan. Un sonido BILABIAL se produce haciendo la cerrazón con los labios inferiores y superiores; sonidos bilabiales son la /b/ de **b***urro*, la /m/ de **m***ama* y la /p/ de **p***oco*. Un sonido LABIODENTAL se produce cuando los dientes superiores tocan el labio inferior; el ejemplo más usado es la /f/ de **f***rente* o en inglés la /v/ de **v***ery*. Los sonidos DENTALES se producen con el ápice de la lengua contra los dientes superiores como la /t/ de **t***odo* o la /d/ de **d***edo*. Es dental la zeta castellana /θ/, en *ve***z**. Los sonidos ALVEOLARES se producen cuando el ápice (la punta) o el predorso de la lengua se pone en contacto con los alvéolos. La /s/ de **s***opa* es un sonido alveolar como lo es la /z/ inglesa de **z***oo*. Si el ápice o el predorso de la lengua tocan en la zona inmediatamente detrás de los alvéolos, el sonido es ALVEOPALATAL, como la /č/ de **ch***ico*. Los sonidos PALATALES se producen con la lengua contra el paladar duro. La /ñ/ de *pi***ñ***a* es un ejemplo de sonido palatal. Muchas veces es difícil distinguir oralmente entre los sonidos alveopalatales y los palatales, pero articulatoriamente se puede verificar la diferencia al comparar la /č/alveopalatal de *ba***ch***es* y la /ñ/ palatal de *ba***ñ***es*. Los sonidos VELARES se producen con el dorso de la lengua contra el velo del

Cuadro 10: Clasificación articulatoria de los sonidos del español

MODO	SONORIDAD	
		Bilabial
Oclusivos	*Sordos* *Sonoros*	**p**eso /p/ **b**eso [b]
Africados	*Sordos* *Sonoros*	
Fricativos	*Sordos* *Sonoros*	ha**b**la [ƀ]
Nasales		**m**amá /m/
Laterales		
Vibrantes	Simples Múltiples	

paladar; ejemplos son la /k/ de casa, la /g/ de gato y la "jota", simbolizado con /x/, de jefe o general.

Por otra parte, los sonidos pueden ser SONOROS O SORDOS por la presencia o ausencia de vibraciones de las cuerdas vocales al producir el sonido. En inglés y en español, por ejemplo, existe un sonido sordo, /p/, y un sonido sonoro, /b/, que se diferencian solamente por la ausencia/presencia de vibraciones de las cuerdas vocales. Compárense las palabras inglesas *peat, beat* y las españolas *peso, beso*.

Si combinamos el modo de articulación, el punto de articulación y la especificación de sonoridad, es posible presentar una descripción bastante detallada de la articulación de las consonantes de la lengua española. El cuadro 10 combina estas tres especificaciones para la mayoría de los sonidos del español.

Para eliminar posibles variaciones fonéticas observaremos las consonantes tal como se pronuncian a principio de palabra y fuera del contexto de la frase. De este modo simplificaremos la descripción de los sonidos del español y su comparación con los sonidos del inglés. En el próximo capítulo volveremos sobre la variación que se produce a causa del contexto fonético.

ZONA DE ARTICULACIÓN					
Labiodental	Dental	Alveolar	Alveopalatal	Palatal	Velar
	todo /t/ dedo [d]				casa /k/ gato [g]
			chico /č/		
feo /f/	nada [đ]	soy /s/		yo /y̶/	jefe /x/ haga [g̶]
		nada /n/		piña /ñ/	
		león /l/			
		pero /r/ perro /rr/			

Hay varias consonantes cuya pronunciación es prácticamente igual en español y en inglés: /f/, /s/, /č/, /m/, /n/, /ñ/, /l/, de frente, son, chico, madre, no, cañón y lana, del español, y de front, son, chicken, mother, no, canyon y lane, del inglés. La [ñ] no es común en inglés, pero sí existe para la mayoría de los anglohablantes en palabras como onion donde es el resultado fonético normal del grupo /n/ + /y/.

Algunas consonantes se diferencian fundamentalmente en el hecho de que en español se pronuncian de manera más tensa que en inglés. La fricativa velar sorda /x/ (de jefe, general, etc.), es muy semejante, pero mucho más tensa, que la /h/ del inglés (de hat, heavy). La fricativa palatal sonora /y̌/ (de yo, yate) se puede comparar con el sonido inicial de palabras como you, yeast, pero el sonido inglés es tan relajado que se clasifica como semiconsonante mientras que la /y/ es mucho más tensa y va acompañada de fricción, por lo que se considera una verdadera consonante. Como muchos hispanohablantes usan los sonidos relajados /h/, /y/, cualquier transferencia de estos sonidos no ocasionará problemas.

En cuanto a las consonantes /b, d, g/ en posición inicial de grupo fónico, difieren poco de /b, d, g/ en inglés. En español estos sonidos, oclusivos sonoros, empiezan su sonoridad algo antes de su emisión. En inglés, en cambio, la sonoridad se retrasa considerablemente dando la impresión de que hay un período breve sin sonoridad antes de que ésta aparezca. Compárese la /b/ inglesa de Bob con la /b/ española de baño. Esta ligera falta de sonoridad puede evitarse aumentando la tensión articulatoria del sonido.

Las oclusivas sordas /p, t, k/ (de poco, taco, coco) son generalmente muy tensas. En inglés las oclusivas sordas /p, t, k/ (de poor, tell, cool) son mucho menos tensas que las españolas y pueden ser ASPIRADAS, es decir, pueden pronunciarse acompañadas de un golpe de aire. Esta aspiración del inglés varía según la posición del sonido oclusivo en la sílaba y la intensidad que se le dé a la palabra en que se encuentra. Si va en sílaba tónica, habrá más aspiración que en sílaba átona. Nótese que, debido a la posición del acento, la tendencia del alumno a aspirar será muy fuerte en Pedro, todo, como y menos importante en perdón, tobillo, corazón. Esta aspiración es automática para los alumnos de habla inglesa y, por consiguiente, tienen una fuerte tendencia a realizarla cuando pronuncian /p, t, k/ en español.

Las consonantes que presentan más dificultades al alumno de habla inglesa son las vibrantes, simple y múltiple. El sonido de la vibrante simple se produce elevando la lengua para que el ápice haga contacto rápido con los alvéolos, como en *pero, coro,* etcétera. El sonido múltiple es mucho más tenso y consta de dos o más vibraciones de la lengua en la región alveolar. En la sección siguiente entraremos en detalles sobre el uso de estos dos sonidos en español; ahora sólo queremos comparar los dos sonidos con sonidos semejantes del inglés.

En inglés no existe el sonido múltiple de *perro, carro,* etc. y además la pronunciación de la letra *r* en inglés es variable geográficamente. La variante más común es un sonido casi vocálico que se produce con el ápice de la lengua algo curvada y doblada hacia atrás. Esta RETROFLEXIÓN de la lengua es muy fuerte en la mayoría de los dialectos americanos. Si se usa en español la *r* retrofleja, será el rasgo que más se destaque en la pronunciación consonántica de los estudiantes principiantes. Ha sido la característica más imitada al querer burlarse del acento inglés en español, y convendría dedicar tiempo a eliminar este serio problema.

En inglés hay un sonido vibrante simple que se asocia con la letra *t* o la *d*: *pretty, ladder,* que se parece mucho a la /r/ simple del español. El sonido del inglés es algo más relajado, pero la semejanza ayuda a enseñar la /r/ del español al estudiante anglohablante.

Problemas ortográficos

El sistema ortográfico del español corresponde bastante bien con su sistema fonológico de fonemas. Por ejemplo, /p/ contrasta con /b/ (*paso* vs. *baso*) y existen dos símbolos ortográficos correspondientes *p* y *b*. Por consiguiente, hay relativamente pocos problemas para enseñarle al anglohablante a interpretar los símbolos ortográficos y a pronunciar oraciones en español.

Las discusiones en el campo de la lingüística aplicada en cuanto a la enseñanza de la ortografía se han concentrado en la cuestión del orden de presentación al alumno. En los métodos tradicionales el punto de partida era el sistema ortográfico y se le enseñó al estudiante a pronunciar las letras. No se hizo referencia alguna a los fonemas en sí. Muchos lingüistas presentan argumentos en contra de esta práctica y dicen que el sistema ortográfico es una representación subordinada al sistema fonológico de una lengua, y, por consiguiente, debe de enseñársele al estudiante primero el sistema fonológico —los fonemas— y después las correspondencias ortográficas. Siguiendo este método, el profesor enseñaría primero un sonido nuevo; se practicaría su producción y su discriminación oral y por último se pasaría a ejercicios escritos para fijar su correspondencia gráfica.

Si la correspondencia entre sonido y letra fuera directa, no habría diferencia alguna entre los dos métodos. Examinemos un caso de correspondencia más complicada, la del sonido /k/. Este sonido se representa en español con dos letras, *c* de *caso* y *qu* de *queso*. Se usa *qu* ante las vocales *e* y *i*, y se usa *c* en los demás casos. A continuación establecemos una comparación directa de las dos reglas que representan las posiciones metodológicas:

Tradicional: *c* se pronuncia /k/ ante consonante o ante las vocales *a, o, u*.
qu se pronuncia /k/ ante las vocales *e, i*.

Lingüístico: El sonido /k/ se escribe *c* ante consonantes y ante las vocales *a, o, u* y se escribe *qu* ante las vocales *e, i*.

En esta sección presentaremos brevemente una discusión del sistema ortográfico del español basada en las correspondencias sonido-letra. Sin embargo, con esto no queremos decir que tal dirección sea siempre la mejor para la enseñanza. Como dijimos en la Introducción, nosotros preferimos no separar en ningún instante el sonido de su signo ortográfico.

La mayor parte de la variación ortográfica se debe a la división de las cinco vocales españolas en dos grupos: las anteriores /i/, /e/ y las demás /a/, /o/, /u/, que aquí llamaremos posteriores (aunque fonéticamente la /a/ es central). Veamos las correspondencias en el cuadro 11.

La representación ante vocales posteriores es directa; ante las anteriores hay ciertos cambios. La letra *c* representa /k/ ante /a, o, u/ pero representa /s/ (= /θ/) ante /i, e/. Así, para representar /ke/ y /ki/, se usa la letra *q* seguida de una *u* que no se pronuncia. De manera paralela /g/ ante /a, o, i/ se representa con la letra *g*. Ante /e, i/ la letra *g* representa "jota", /x/, y por consiguiente para representar las secuencias /ge/ y /gi/

Sonido	Anteriores /e, i/	Posteriores /a, o, u/
/k/	queso quien	casa, coser cuna
/g/	pague guiso	gata, goza gusto
/gu/	apacigüe lingüista	guapo antiguo
/x/	general, jefe girafa, jira	jalar, jota jugo
/s/ (=/θ/)	centro, zeta cine, zinc	zapato, zona zumo

Cuadro 11: Variación ortográfica

se usa la letra *u* sin pronunciarla: *pague*. Esto, en cambio, trae como consecuencia que para representar la secuencia /gue/ y /gui/ hay que usar la diéresis, *güe* y *güi* para indicar que no se trata de una letra muda.

El caso de /s/ es más complicado porque también se usa este sonido en toda posición: so*pa*, *sencillo*, etc. Por eso la secuencia /se/ y /si/ pueden escribirse *se, ce, ze* y *si, ci, zi* según la tradición ortográfica de cada palabra.

El caso de /b/ es especial; se representa en español con dos letras: *b* y *v*. Su uso se corresponde más o menos con su distribución en el latín clásico. Así se escribe *b* en los prefijos *ab-*, *ob-*, *sub-* y en palabras como *haber* (latín *habere*), *beber* (latín *bibere*), *deber* (latín *debere*). Se escribe *v* en *venir* (latín *venire*), *vivir* (latín *vivere*). Hay excepciones: *boda* (latín *vota*), *maravilla* (latín *mirabilia*). Además se escribe siempre *b* en grupos consonánticos con /l/ o /r/: *breve, blusa*. Es muy importante recordar que el uso de las letras *b* y *v* no corresponde a ninguna diferencia fónica al contrario de lo que ocurre en inglés como por ejemplo en *base* con /b/ y *vase* con /v/.

El uso de la *h* etimológica del latín, que ya no se pronuncia desde hace muchos siglos, plantea un problema especial al anglohablante. Nuestros estudiantes están tan acostumbrados a pronunciar /h/ al ver la letra *h* que les es muy difícil suprimir este hábito al aprender español.

El uso de las letras *ll, ñ* y *rr,* aunque ausentes del inglés, generalmente causan pocos problemas.

EJERCICIOS

1. **A.** Clasifique las consonantes siguientes según el modo de articulación: oclusivo, fricativo, africado, lateral, vibrante, nasal.

   Ejemplo: jefe—*fricativo*

   B. Clasifique las mismas consonantes según el lugar de articulación: bilabial, labiodental, alveolar, alveopalatal, palatal, velar.

   Ejemplo: jefe—*velar*

   C. Clasifique las mismas según su sonoridad: sordo, sonoro.

   Ejemplo: jefe—*sordo*

(1) **P**edro	(4) **d**oy	(7) **p**or	(10) **t**res
(2) **c**oro	(5) **ch**ico	(8) **l**ata	(11) **s**opa
(3) **l**oro	(6) na**d**a	(9) **f**rente	(12) **v**oy

2. Describa las vocales españolas usando la siguiente terminología:

   A. cerrada, media, abierta

   B. anterior, central, posterior

   Ejemplo: tajo—/a/, *vocal central abierta*

(1) casa	(3) c**o**mo	(5) cupo
(2) quepo	(4) cas**i**	

3. Describa la diferencia y la semejanza articulatorias entre los siguientes sonidos del español.

   Ejemplo: p/b—*El primero es sordo, el segundo sonoro (los dos son oclusivos bilabiales).*

(1) [k]/[g]	(5) [s]/[x]	(9) [d]/[g]
(2) [n]/[d]	(6) [m]/[n]	(10) [l]/[r]
(3) [f]/[p]	(7) [m]/[b]
(4) [r]/[rr]	(8) [t]/[d]

4. Compare el sonido español con el del inglés en las siguientes palabras. En algunos casos la diferencia será mínima; en otros será mayor.

Ejemplo: **P**ete/re**p**ita—*En inglés las oclusivas sordas iniciales normalmente se aspiran; en español, en cambio, siempre tienen una articulación más tensa sin estar acompañadas de aspiración.*

(1) **v**oy	**b**oy	(5) **tr**es	**tr**ee	(9) **p**ara	**p**otty
(2) **f**eo	**f**are	(6) **j**efe	**h**ep	(10) **v**es	**v**ase
(3) **p**apa	**p**ork	(7) na**d**a	no**th**ing	(11) **d**on	**d**onor
(4) **qu**eso	**c**ase	(8) **r**ata	**r**at	(12) **g**ota	**g**oat

5. Compare la vocal o el diptongo español con el correspondiente inglés según los siguientes factores:
   A. tensión relativa
   B. duración relativa
   C. posición de la lengua (anterior, cerrada, etc.)
   D. movimiento de la lengua (si es diptongo)

   Ejemplo: **i**ndefinido (español /i/), **i**ndefinite (inglés /I/)— *(a) Más tensa en español. (b) La duración es casi igual puesto que las vocales simples (no diptongadas) en español son cortas, y la vocal /I/ del inglés como en "hill" es corta; compáresela con la /i/ larga de "heat". (c) Las dos vocales se articulan con la lengua en una posición anterior cerrada. La /I/ del inglés es algo más abierta. (d) No hay movimiento de la lengua en la producción de ninguna de las dos, es decir, son vocales simples.*

(1) p**o**co	c**o**coa	(6) c**au**sa	c**au**se
(2) habl**e**	m**ay**	(7) para t**i**	p**o**t of t**ea**
(3) una ch**i**ca	g**a**ve **a** dollar	(8) H**o**nduras	H**o**nduras
(4) l**ey**	l**ay**	(9) g**i**tano	h**i**t
(5) c**o**sta	c**o**st	(10) c**u**ra	c**u**re

(11) casa	case	(14) Europa	Europe
(12) gato	cat	(15) hay	**I**
(13) cada	father	(16) voy	boy

6. Discuta los posibles efectos de la acentuación prosódica y el ritmo del inglés en la pronunciación de las siguientes palabras españolas.

Ejemplo: fenomenal—*En vez de acentuar solamente la última sílaba, el anglohablante tendrá la tendencia a alternar sílabas tónicas y átonas de forma parecida a "fĕnómĕnál", reduciendo "fe" y "me" a sílabas con schwa.*

(1) término   (4) contradicción
(2) contestación   (5) conyugal
(3) indemnización

7. Discuta los efectos de la entonación inglesa en las siguientes oraciones.

Ejemplo: No fuimos con Marta.—*La entonación correcta es:*

$$\begin{array}{lll} & \textit{fui mos con Mar} & 2 \\ \textit{No} & \textit{ta.} & 1 \end{array}$$

La influencia inglesa podría producir la siguiente:

$$\begin{array}{lll} & \textit{Mar} & 3 \\ \textit{No fui mos con} & & 2 \\ & \textit{ta.} & 1 \end{array}$$

(1) Paco no come tortas.
(2) Antonio escucha música.
(3) Tampoco fuman marijuana.
(4) Los otros no vinieron.
(5) Le contaron como había pasado.

TEMAS DE DISCUSIÓN

1. Haga un ejercicio de práctica de pronunciación enfocando un problema de transferencia del inglés al español.

2. ¿Cómo debe integrar el profesor los ejercicios de pronunciación en una clase?

3. ¿Cuál es la relación existente entre los sonidos de un idioma y sus grafías? ¿En qué orden deben enseñarse el sonido y la grafía en una clase de principiantes? Haga planes para enseñar una correspondencia entre letra y sonido.

4. Discuta la importancia de una buena pronunciación para el principiante. ¿Qué proporción de tiempo debe dedicarse a la pronunciación en una clase de principiantes? ¿Y si son intermedios? ¿Y con los avanzados?

5. ¿Cuáles son las características del ritmo y entonación del español que causan dificultades de comprensión al estudiante anglohablante? ¿Cuáles son las ventajas y las desventajas de hablarle al principiante muy despacio, separando claramente todas las palabras?

6. En el texto discutimos brevemente la entonación del inglés y del español en oraciones simples declarativas. Trate de extender el análisis contrastivo a oraciones interrogativas.

7. Haga una grabación corta de la lectura de un estudiante principiante. Prepare una lista de sus errores de pronunciación y clasifíquelos según el siguiente esquema:
   A. error ortográfico (en lectura)
   B. transferencia de sonidos del inglés al español.

8. De la grabación de (7), ¿cuáles eran los errores de pronunciación más graves, es decir, los que podrían haber causado dificultades de comprensión?

capítulo 2
PROCESOS FONOLÓGICOS

La variación fonológica / La asimilación nasal /
La espirantización / La asimilación de sonoridad /
El refuerzo de /r/ / El refuerzo de las
semiconstantes / Rasgos regionales

La variación fonológica

El resultado de la aplicación de las REGLAS FONOLÓGICAS es la variación fonética natural que se da en todas las lenguas humanas. Esta variación es, normalmente, sistemática, pero a veces el sistema que siguen los hablantes de una lengua es complicado. Hay muchos factores que pueden influir en la aplicación de una regla fonológica. Estos factores pueden ser tanto extralingüísticos como propiamente lingüísticos. En el capítulo 1, comentamos brevemente que existe la posibilidad de formar diptongos como resultado del enlace entre la vocal final de una palabra y la inicial de la siguiente, como en *habló indirectamente*. La probabilidad de que se produzca un diptongo en este contexto depende de varios factores. El factor extralingüístico de mayor importancia es, sin duda, la rapidez con que se habla, la cual se relaciona íntimamente con el estilo mismo del habla, o, lo que es igual, la familiaridad de la situación en que se encuentra el hablante. Los factores lingüísticos son relativamente simples. El proceso resulta favorecido si una de las vocales es cerrada (/i/ o /u/) y átona.

En español la constitución fonética de la sílaba es el factor más importante por lo que respecta a la variación fonológica. Hay en el español una tendencia hacia la simplificación de la estructura silábica que resulta de una especial preferencia por las sílabas terminadas en vocal. Debido a la tendencia hacia este tipo de sílabas llamadas ABIERTAS, las consonantes más variadas en cuanto a su pronunciación son las que se encuentran en posición final de sílaba, como la /k/ y la /r/ de la palabra *doctor*. Tales consonantes tienden a debilitarse en su pronunciación hasta que, en casos extremos, desaparecen. Existe sin embargo la tendencia conservadora a pronunciar la palabra tal como se escribe. En nuestro ejemplo, si se pronuncian las sílabas con mucho cuidado, la /k/ y /r/ de *doctor* no se eliminarán. La fuerza de la tendencia hacia la simplificación silábica y la influencia de la representación ortográfica que actúa como freno a la simplificación varían tanto según la región, en el mundo hispánico, como según el estilo del hablante, ya sea éste más familiar o más formal. De esta variación nace el sistema de procesos fonológicos que se estudiará a continuación.

La asimilación nasal

Hay tres sonidos nasales que funcionan de manera CONTRASTIVA en posición inicial de sílaba, dando como resultado la posibilidad de formar palabras distintas: *cama* con /m/, nasal bilabial; *cana* con /n/, nasal alveolar; *caña* con /ñ/, nasal palatal. En cambio, cuando la nasal se encuentra en posición final de sílaba, se debilita, incorporando como característica propia el punto de articulación de la consonante que le sigue. Por ejemplo, cuando una nasal precede a consonantes bilabiales /b, p/ la nasal es bilabial: *hombre, amplio* con [mb] y [mp]. Si, por el contrario, precede a consonantes velares /k, g, x/, es velar: *ancla, tengo, monja, con* [ŋk], [ŋg] y [ŋx], respectivamente.

Así pues, en posición final de sílaba hay tantos sonidos nasales como distintos puntos de articulación de las consonantes siguientes. Cuando un sonido toma las características de otros sonidos del contexto en que se encuentra, el proceso se llama ASIMILACIÓN. Veamos todas las posibilidades de la combinación

Punto de articulación	Sonidos nasales	Consonantes	Ejemplos
Bilabial	[m]	/p, b/	hampa, ambas
Labiodental	[ɱ]	/f/	infamia
Dental	[n̪]	/t, d/	tonto, ando
Alveolar	[n]	/s, r, l/	insulto, honra, ponla
Alveopalatal	[ǹ]	/č/	ancho
Palatal	[ñ]	/y/	inyección
Velar	[ŋ]	/k, g, x/	inca, tengo, monja

Cuadro 1: La asimilación nasal

de consonante nasal con consonantes orales (es decir, no nasales) en el primer cuadro.[1]

En las combinaciones de nasal más consonante oral la asimilación es obligatoria y general en todo el mundo hispánico. Este proceso llega a verse hasta en las representaciones escritas donde la nasal asimilada [m] ante consonantes labiales /p, b/ se escribe *m: imposible, ambos.* En todos los otros casos se usa la letra *n.* En combinaciones de dos consonantes nasales la asimilación se produce solamente en estilos familiares. Los grupos -*mn-* en *amnistía* o -*nm-* en *conmigo* por ejemplo se mantienen diferenciados en estilos más formales.

Lo que es obligatorio dentro de una palabra se vuelve "tendencia fuerte" cuando la nasal se encuentra a final de palabra. Por ejemplo, la nasal de *un* se asimila en grupos sintácticos como *un beso, un gato, un chico* casi como si se tratara de una sola palabra. La fuerza de la tendencia a la asimilación depende en gran parte de la relación sintáctica que mantengan las dos palabras. Si esta relación no es muy estrecha, existirá mayor posibilidad de que haya una pequeña pausa, que puede impedir la asimilación, como por ejemplo en *hablan bien.*

---

[1] En casi todos los textos de fonética española, la variante de la nasal que aparece ante /č/ (alveopalatal) no se distingue de la que aparece ante /ñ/ (palatal). Aquí seguiremos el análisis de James Harris (1969: 8-18) y el símbolo fonético sugerido por él. Harris postula dos sonidos distintos, alveopalatal y palatal. Según nuestra experiencia, el nativo no puede distinguir generalmente la [n̪] dental, la [n] alveolar, y la [ǹ] alveopalatal, pero sí distingue cualquiera de éstas de la nasal palatal [ñ].

La asimilación nasal como proceso fonológico es común también en inglés; el proceso mismo y los sonidos resultantes son semejantes en ambos idiomas: -mp-, -nč-, -ng- en *impossible, inch, tango* (inglés) y en *imposible, inchar, tango* (español). Sin embargo en inglés la asimilación se restringe a las posiciones interiores de palabra. Al final de palabra, los contrastes se mantienen y normalmente no hay asimilación: *ram* con /m/, *ran* con /n/ y *rang* con /ŋ/.

La asimilación nasal es uno de los resultados del debilitamiento consonántico que afecta a las consonantes en posición final de sílaba. Por esa razón se adquiere fácilmente una vez que los estudiantes incorporen a su pronunciación esta diferencia de tensión articulatoria. El anglohablante asimila la nasal en interior de palabra inconscientemente. Así la única tarea del profesor es tratar de extender ese proceso natural al grupo fonético que incluye varias palabras. Este resultado se obtendrá si el estudiante aprende a evitar la separación de palabras mediante pausas.

La espirantización

El término ESPIRANTIZACIÓN se usa para describir la relajación de los sonidos oclusivos, lo que tiene como resultado una pronunciación fricativa. La espirantización es el proceso fonológico más importante del español desde nuestro punto de vista de profesores. La espirantización consiste en evitar la cerrazón completa durante la articulación, resultando en una consonante más débil con grados de fricción moderados. El grado de relajación varía según la zona del hablante y la situación social en que se encuentra.

Los sonidos oclusivos sonoros /b, d, g/ pueden espirantizar en casi toda posición en una palabra.[2] El oclusivo bilabial /b/

---

[2] También frecuente, pero menos común, es la espirantización de oclusivas sordas:

/p/ oclusiva bilabial	[ɸ] fricativa bilabial
/t/ oclusiva dental	[θ] fricativa dental
/k/ oclusiva velar	[x] o [h] fricativa velar

Los sonidos fricativos sordos de los ejemplos citados son de articulación débil. Las oclusivas sordas /p, t, k/, por ser consonantes más se transforma en un sonido fricativo bilabial suave [ƀ], *iba*. Lo mismo sucede con el dental /d/, que se transforma en un sonido fricativo dental suave [đ], *cada*, y el velar /g/, que resulta ser un sonido fricativo velar suave [ǥ], *haga*. El sonido /d/ es el único de los tres /b, d, g/ que aparece frecuentemente en posición final de palabra, y en esta posición incluso és común que desaparezca: *verda* [đ], *verdá*. La espirantización de /b, d, g/ depende del sonido que las precede; si es una vocal, la espirantización es universal: [aƀoǥađo]. Si [b, d, g] van precedidas de sonidos nasales, laterales o vibrantes, la espirantización tiende a ocurrir si el punto de cerrazón del sonido no es el mismo que el del oclusivo. En el caso de /r/ precedente, generalmente hay espirantización: *ar*[ƀ]*ol*. La cerrazón de la /l/ es dental y, por consiguiente, /b, g/ generalmente se espirantizarán: *al*[ƀ]*a*, *al*[ǥ]*o*, pero la /d/ no se espirantiza por ser también dental: *al*[d]*ea*. Cuando /b, d, g/ van precedidas de nasal, la nasal se asimila y toma el punto de articulación de la consonante que la sigue, en este caso /b, d, g/, y por lo tanto hay pocas posibilidades de que la espirantización se aplique después de la nasal: *a*[mb]*os*, *a*[n̪d]*a*, *te*[ŋg]*o*. Solamente se oirá una variante fricativa en este contexto si el sonido nasal se debilita hasta perder su cerrazón. Los únicos contextos en que se encuentran las oclusivas [b, d, g] en vez de las fricativas [ƀ, đ, ǥ] de manera más o menos obligatoria son por tanto después de nasal y en la combinación /ld/.

Cuando las consonantes /b, d, g/ inician una palabra, se sujetan al mismo proceso que en posición interna. La espirantización es normal si la relación sintáctica entre las dos palabras es muy estrecha y si no hay una pausa. Por esa razón es casi obligatoria la espirantización en combinaciones tales como artículo más sustantivo: *el beso, la gata, la danesa*, etc. Si la palabra con /b, d, g/ inicia un grupo fónico, es decir, si va precedida de una pausa, no hay espirantización por lo general: *¡Vamos!*, *¡Dámelo!, ¡Ganamos!*, todas pronunciadas con sonidos oclusivos.

La relajación en la pronunciación de /b, d, g/, aunque muy variable según el estilo, la rapidez con que se habla y el lugar de procedencia del hablante, es normal en casi todos los con-

---

fuertes que las sonoras /b, d, g/, no alcanzan el mismo grado de espirantización y por ello la espirantización de /p, t, k/ nunca se da en otra posición que no sea la de final de sílaba o de palabra.

textos fonéticos en que pueden aparecer estos fonemas. Los únicos contextos en que se mantiene una oclusión total de manera constante es (1) después de una pausa, (2) después de una nasal y (3) en el caso de que haya una /d/ después de una lateral /l/. La cerrazón es explicable en estos contextos porque el sonido precedente (o la pausa) se articula con una cerrazón completa y es natural que la primera cerrazón se mantenga en el segmento que sigue.

Los estudiantes tienden a articular los sonidos oclusivos sin ninguna relajación del momento oclusivo. La tarea del profesor consistirá en ayudarles a producir los sonidos /b, d, g/ sin oclusión total. En el caso de /b/, ello implica evitar la cerrazón de los dos labios; para la /d/, el acercamiento de la lengua a los dientes superiores pero sin cerrazón completa; la articulación de /g/ consiste en acercar la parte dorsal de la lengua al velo del paladar evitando también la cerrazón completa.

La espirantización es sin duda la característica más sobresaliente de la pronunciación española al oído del extranjero. La espirantización como proceso fonológico en sí no existe en inglés, y tampoco existen los sonidos producidos, excepto [đ], que fonéticamente es un sonido con mucha más fricción en inglés que en español. En inglés el sonido [đ] no es una mera variante debilitada del correspondiente oclusivo, sino que funciona de una manera distintiva: *den* con /d/ contrasta con *then* con /đ/. Hay que tener en cuenta que la letra *d* en inglés generalmente se asocia con el fonema /d/ y nunca con /đ/, que se escribe con la grafía *th*. En español no hay necesidad de distinguir en la ortografía entre los sonidos sonoros y sus variantes fricativas; así, tanto [d] como [đ] se escriben con la letra *d*. Los otros dos fricativos [ƀ] y [ǥ] no se dan en inglés de manera sistemática, aunque sí aparecen de vez en cuando en las pronunciaciones relajadas de palabras como *pegger, swagger, blubber, rubber.*

El sonido que presenta más problemas es el fricativo bilabial sonoro [ƀ]; los anglohablantes tienden a confundirlo con el fricativo labiodental sonoro del inglés /v/. La consonante /b/ española pronunciada [b] oclusiva o [ƀ] fricativa se representa tanto con la letra *b* como con *v*. El uso de estas letras en español obedece a razones históricas y no corresponde a ninguna realidad fonética. En inglés, en cambio, el sonido oclusivo bilabial /b/ contrasta con el fricativo labiodental /v/; por ejemplo, *base* con /b/ y *vase* con /v/.

59

Para dominar la espirantización el alumno tiene que aprender: (1) a pronunciar las consonantes sonoras /b, d, g/ sin oclusión completa, (2) a relajar la oclusión de acuerdo con el contexto fonético y (3) a asociar estos sonidos con las letras apropiadas. Según nuestra experiencia, tanto la producción de /b, d, g/ sin oclusión total como su aplicación en los contextos apropiados son relativamente fáciles. En cambio la tendencia a olvidarse de aplicar la relajación al ver las letras *b*, *v* y *d*, sobre todo en su lectura, es fuerte y constituye el mayor problema para adquirir una buena pronunciación de /b, d, g/.

La asimilación de sonoridad

La debilitación de las consonantes a final de sílaba (*isla*) puede afectar también a su sonoridad. Si la consonante de la sílaba siguiente es sonora, la consonante final de sílaba tiende a sonorizarse, pero si la consonante siguiente es sorda se ensordece. Es decir, la sonoridad es muy variable en esta posición y solamente en el habla muy pulida se mantienen las distinciones ortográficas entre sonidos sordos y sonoros.

El sonido más común en posición final de sílaba es /s/. La pronunciación de /s/ es bastante sencilla; se pronuncia sorda [s] si la consonante que le sigue es sorda, y sonorizada [z] si la consonante que le sigue es sonora. Así, la sonoridad no se usa de una manera distintiva en esta posición. Sirven de ejemplo *este*, *esposo*, *escuela*, todas con [s], y *desde*, *isla* y *mismo*, todas con [z]. La asimilación de sonoridad se aplicará entre palabras, y /s/ en las combinaciones como *los niños* será normalmente sonora, [z]. La adquisición de este proceso no presenta por lo general grandes problemas para el anglohablante. Como en el caso de /b, d, g/, los mayores problemas, sobre todo de los principiantes, provienen de la representación ortográfica de /s/ en español. Este fonema se representa con las letras *s*, *z* y *c* (ante *e* o *i*), por ejemplo, *s*opa, *z*apato, *c*ine. En inglés, en cambio, la letra *z* representa el fonema /z/, que se mantiene diferenciado de /s/ en todas las posiciones. Ejemplos de /s/ que contrasta con /z/ son: *Sue* con /s/ y *zoo* con /z/; *precedent* con /s/ y *president* con /z/; *bus* con /s/ y *buzz* con /z/. En posición final de sílaba no hay asimilación: *di*[sp]*lease*, *di*[sm]*iss*, *di*[so]*wn*.

Así pues, el anglohablante tiende a pronunciar [z] sonora cuando ve la letra *z*, y [s] sorda cuando ve la letra *s*. Como dijimos, el uso de [s] o [z] en español no corresponde a las letras *s* y *z* sino a la sonoridad de la consonante que sigue a /s/.

Otro problema para los estudiantes deriva del hecho de que en inglés la letra *s* en posición intervocálica representa el fonema fricativo sonoro, /z/. Por ello, el anglohablante tiende a transferir la sonora /z/ en las siguientes palabras: /z/ en *president, present, visit, proposition* (inglés); /s/ en *presidente, presente, visitar, proposición* (español).

El problema de la /s/ es, pues, esencialmente ortográfico. Como primera aproximación, recomendamos insistir en que el fonema /z/ no existe en español y que los estudiantes deben de evitar una pronunciación sonora en todos los casos. El sonido [z], consecuencia de la asimilación de sonoridad, generalmente se produce sin prestarle atención especial, y en circunstancias normales no causa confusión.

El refuerzo de /r/

El refuerzo articulatorio de la /r/ vibrante simple consiste en un aumento del número de vibraciones de la lengua contra los alvéolos; el resultado es un sonido vibrante múltiple.[3] Esta *r*-múltiple, representada por [rr], se articula con diferentes grados de intensidad, según: (1) el contexto fonético, (2) la energía con la que se habla y (3) el estilo particular del hablante.

En posición intervocálica la /r/ simple costrasta con la múltiple /rr/, como en *perro* con /rr/ y *pero* con /r/, y en estos casos el uso de una variante reforzada es, naturalmente, obligatorio. Además el refuerzo de la /r/ es habitual en posición inicial de sílaba si va precedida de consonante, por ejemplo, en el grupo *-nr-* como en *Enrique*, *-lr-* en *alrededor* y *-sr-* en *Israel*.

---

[3] En algunas zonas del mundo hispánico, el resultado del refuerzo de la /r/ no es un sonido vibrante múltiple [rr] sino una consonante fricativa, sonora o sorda, y apical. A veces conlleva un timbre sibilante. Estas variantes pueden ser más o menos débiles según la región geográfica y la manera de hablar de la persona. Para algunos hablantes, el refuerzo de la /r/, excepto en posición intervocálica, es facultativo y a veces muy poco corriente. En Puerto Rico, es común una variante velar o uvular, generalmente sorda.

No hay refuerzo en los grupos consonánticos en la misma sílaba: *-tr-*, *-br-*, *-gr-*, etc., en *atrever, bravo, grado*. Esta tendencia al refuerzo se ha extendido a los casos de /r/ inicial de palabra: *rosa, reja, rincón*.

También es posible reforzar la /r/ en otras posiciones cuando se quiere dar un énfasis especial a la entonación. Si se encuentra en final de sílaba, se tiende a usar una variante algo débil, como sucede con las demás consonantes en esta posición, pero cuando se quiere enfatizar o dar energía a la articulación puede usarse la vibrante múltiple [rr], por ejemplo en *puerta, carta, dar*. En toda posición, menos la intervocálica donde el contraste entre /r/ y /rr/ tiene que mantenerse, el refuerzo o el debilitamiento de /r/ varían considerablemente según el énfasis, la rapidez del habla y el estilo del hablante.

El refuerzo de las semiconsonantes

Aplicamos el término semiconsonante a las vocales cerradas, /i/ y /u/, en posición presilábica: *bien, bueno*; para representarlas usamos los símbolos fonéticos [y] y [w]. A veces estas semiconsonantes aparecen en posición inicial de sílaba o de palabra: *Chihuahua, deshielo, huevo, hierba*. En estos casos puede reforzarse, opcionalmente, su pronunciación.

Las posibilidades son bastante complejas y aquí indicaremos solamente las más comunes. La [y] reforzada se convierte en una consonante fricativa palatal [ẙ]. Si el refuerzo se produce en palabras como *hielo*, no las podremos distinguir de palabras como *llover* o *yate* por lo que respecta a la pronunciación del sonido inicial. El anglohablante tiende instintivamente a producir una semiconsonante débil [y] en todos los casos, sea *hielo, llover* o *yate*, tendencia general también en todo el mundo hispánico. La /u/ adquiere al reforzarse cierta fricción, y a veces las palabras en *hu* + *V* se refuerzan tanto que se les añade una [g̊] fricativa: *huevo, hueso, huerta*. Además, en el grupo *gu* + *V* de *guapo, agua*, la semiconsonante se suele debilitar en la pronunciación corriente, produciéndose como resultado la falta de diferenciación en la pronunciación de los sonidos iniciales de *hueso* y de *guapo*.

El refuerzo de las semiconsonantes y el debilitamiento de /ẙ/ y /gw/ son procesos complicados y muy variables en el mundo hispánico. El profesor tendrá que decidir hasta qué punto resultará provechoso entrar en estos detalles.

Rasgos regionales

El castellano. La pronunciación del español en España, particularmente en el centro y norte de la península, tiene importancia para el profesor de español en Inglaterra y Europa porque ésta es la variedad del español con la que se tiene contacto en todos los niveles, desde los gubernamentales hasta los turísticos en esa región del mundo. La pronunciación castellana es también importante en América porque tradicionalmente el español peninsular ha ejercido una gran influencia sobre el español de América. Ha persistido entre muchas personas la idea de que el castellano es la variedad del español que se debe emular. Hoy en día esta emulación ya no goza de una predisposición tan favorable, y los hablantes de otras variedades sienten orgullo de sus propias formas de pronunciación.

El sistema fonológico castellano difiere cualitativamente del sistema fonológico americano. Hay dos fonemas, o sea dos sonidos contrastivos, en el español castellano que no se usan en el español americano: la zeta /θ/ y la "doble ele" /ll/. El primero es un sonido fricativo dental sordo, y va representado por las letras *z* y *c*, esta última solamente ante *i* y *e*, en palabras como *zapato*, *zorro*, *cine*, *cédula*. Es un fonema distinto y contrasta con /s/ y todos los otros fonemas consonantales: *casa* con /s/ y *caza* con /θ/. En América esta oposición fonológica no existe, y lo que es /θ/ en castellano va representado por /s/ en América. Así, tanto *casa* como *caza* se pronuncian con /s/, práctica que se denomina SESEO.

El segundo fonema es un sonido lateral palatal sonoro /ll/ que va representado por la letra *ll*. Como fonema, se opone en castellano a todas las otras consonantes, incluyendo a la fricativa palatal /y/, como en *calló* con /ll/ y *cayó* con /y/. Esta oposición no existe para la mayoría de los americanos (y para muchos españoles), para los que tanto *calló* como *cayó* se pronuncian con /y/. Esta falta de distinción entre *y* y *ll* se denomina YEÍSMO.

Además de estos dos nuevos fonemas, la manifestación fonética de otros dos fonemas es algo diferente en castellano. El fonema fricativo alveolar sordo /s/ se pronuncia por lo general con el acercamiento del ápice de la lengua contra los alvéolos (con la punta de la lengua vuelta hacia arriba), mientras que en América el mismo fonema se pronuncia con el predorso de la lengua acercándose a los alvéolos. El funcionamiento del fonema no cambia por esas diferencias, y la comunicación entre hablantes del castellano y del español americano no se ve afectada por la diferencia. El efecto acústico, en cambio, es muy notable para el oído del hispanoamericano y también del anglohablante, acostumbrado en su inglés al sonido dorsal casi idéntico al de la /s/ del español americano. Otra diferencia puramente fonética, también sin repercusiones funcionales ni comunicativas, se centra en la pronunciación del fonema fricativo sordo posterior /x/, velar o faringal, por lo general algo débil en el español de América. En España es uvular y acompañado de fricción fuerte. Esta diferencia se destaca también acústicamente al oído del hispanoamericano y del anglohablante.

El español del Caribe: el español cubano y el puertorriqueño. El rasgo más importante del español del Caribe es la llamada ASPIRACIÓN de la /s/ final de sílaba, en palabras como *esto, lista, desde, mismo* y de la /s/ final de palabra como *los, buenos, nosotros, comimos, tienes, es, más, vez, luz.* La aspiración conocida en la lengua familiar como "comerse la *s*", se realiza generalmente como un sonido débil faríngeo [h], muy semejante al sonido de la /h/ en inglés. La diferencia consiste en que el sonido inglés aparece siempre en posición inicial de sílaba —*hot, hat*— mientras que en español la aspiración opera solamente en posición final de sílaba o de palabra.

La aspiración es un proceso muy variable pero condicionado sistemáticamente por varios factores, tanto lingüísticos como extralingüísticos. La formalidad de la situación afecta mucho el uso de aspiración. Si el hablante percibe el contexto del habla como más formal, ajustará automática e inconscientemente su índice de aspiración disminuyéndolo. La supresión del proceso se da aún en mayor grado en la lectura en voz alta.

Los factores lingüísticos que condicionan la aspiración son también sistemáticos. La aspiración depende en primer lugar de la posición de la /s/ en la palabra. Si se encuentra en posición final de sílaba, como en el uso de la aspiración es la norma, es decir, solamente en casos de énfasis o habla especialmente cuidada, se usará la sibilante [s]. En posición final de palabra la probabilidad de que se produzca la aspiración depende del segmento siguiente. Si a /s/ le sigue una palabra que empieza por consonante, como en *los niños*, la probabilidad de retener [s] es casi cero. Si le sigue una vocal, la probabilidad de [s] alcanza aproximadamente el 25 %, como en *las intenciones*. Si la /s/ es final absoluta, o sea final del grupo fonético o de la oración, como en *¿Cuándo vienes?*, la probabilidad de [s] es aproximadamente 50 %.

Además de la aspiración de la /s/ final, existe la posibilidad de eliminar totalmente el segmento. Es decir, la aspiración se vuelve tan débil que ya no se oye ni se produce. Este proceso fonológico, la elisión, también es variable y está sujeto a condiciones extralingüísticas como la misma formalidad de la situación. Aunque está presente en el habla de todos, la elisión parece ser más pronunciada entre los hombres que entre las mujeres. Lingüísticamente el proceso se ve condicionado por factores gramaticales porque la /s/ sirve, entre otras cosas, de indicador de pluralidad en la frase nominal, como en *los primeros libros interesantes*. Desde el punto de vista gramatical y funcional, toda /s/, con excepción de la primera, es REDUNDANTE, es decir resulta innecesaria para comprender la pluralidad de la frase. Son precisamente estas /s/'s las que están sujetas a la posibilidad de elisión completa. La /s/ del primer elemento, en cambio, casi nunca se elimina. Así, se oye *lo*[h] *primero libro*, pero menos común es *lo primero libro*.

Al considerar todos los factores que condicionan la variabilidad de los procesos de aspiración y elisión, la pronunciación del ejemplo citado puede tener varios resultados. Veamos algunas de las posibilidades:

> *loh primeroh libroh interesantes*
> *loh primeroh libros interesantes*
> *loh primeroh libroh interesanteh*
> *loh primeroh libro interesantes*
> *loh primero libro interesante*
> *loh primeroh libros interesante*
> *loh primero libro interesantes*

La aspiración y elisión de la /s/ final es el rasgo más característico del español del Caribe. Tales procesos cobran importancia como rasgos fonéticos por su efecto acústico al oído de otros hispanohablantes y también al del anglohablante. Los hispanohablantes los suelen usar en el este de los Estados Unidos, en particular los cubanos y puertorriqueños. Si los profesores de estas zonas quieren que sus estudiantes se relacionen lingüísticamente con estos hablantes, tendrán que incluir de alguna manera su modalidad de pronunciación en la enseñanza. Además de los cubanos y puertorriqueños de los Estados Unidos, hay otros hablantes en el mundo hispánico que normalmente usan los procesos de aspiración y elisión. Tales procesos se dan en el Caribe: Cuba, Puerto Rico, la República Dominicana, Panamá y Venezuela, y también en la zona del Río de la Plata: Argentina, Uruguay, Paraguay. También aparecen en el español de Chile y en las costas del Perú, Ecuador y Colombia. Se extienden a Centro América en Nicaragua y El Salvador, y en todo el sur de España. La aspiración es, por tanto, uno de los procesos fonológicos más importantes del español.[4]

Hay otro rasgo de menor importancia pero que debe de mencionarse. La nasal en posición final de palabra tiende a velarizarse, dando lugar a un sonido muy parecido, si no igual en muchos casos, a la nasal velar del inglés /ŋ/ en *sing, ring.* Esta velarización se produce si la nasal se encuentra ante palabra que empieza con vocal, como *en estos,* o en posición final absoluta, *quiero pa*n. La velarización de la /n/ final está extendida por el Caribe así como por varias otras zonas del mundo hispánico como Centroamérica y el norte de España, entre otras.

El español mexicano. En términos generales, el español mexicano, tanto las variedades habladas en México como las del suroeste de los Estados Unidos, se aleja muy poco del "español general" que hemos descrito en esta sección. El mexicano es seseísta (tanto *z* como *s* representan el fonema /s/) y es yeísta (tanto *y* como *ll* representan el fonema /ɣ/). En general, al mexicano se le considera conservador por su pronunciación enérgica de las consonantes. No aspira la /s/ final de sílaba; tampoco velariza la /n/ final. La jota /x/ no se debilita tanto como en algunas zonas. La /rr/ múltiple es normalmente fuerte, aunque una variante fricativa se oye con frecuencia como ocurre en muchas zonas del mundo hispánico.

---

[4] Para detalles más completos consúltese Terrell (1976) en *Teaching Spanish to the Spanish-Speaking.* Los datos de la discusión precedente se tomaron de muestras del habla de las clases educadas de Cuba y de Puerto Rico.

EJERCICIOS

1. Identifique el lugar de articulación del sonido nasal.
   Ejemplo: en caso—*Nasal velar. Es velar porque la nasal ante consonante se asimila en el punto de articulación a la consonante siguiente, en este caso /k/ velar.*

   (1) No lo han hecho en casa.
   (2) Juegan dentro de campos anchos.
   (3) Un jardín no es bastante grande.
   (4) No le pondrán aquella inyección.
   (5) No pongas tanto énfasis en el ensayo.
   (6) Le dieron un beso no más.
   (7) Bailaron un tango bastante bien.

2. Describa la pronunciación más probable de /b, d, g/ en las siguientes palabras. Justifique su respuesta según el contexto fonético.
   Ejemplo: hablar—*Es más probable que se pronuncie [ƀ] fricativa por estar en posición posvocálica.*

   (1) absurdo
   (2) dedo
   (3) dar un beso
   (4) aldea
   (5) árbol
   (6) gato
   (7) el ganso
   (8) él goza
   (9) golpeemos
   (10) la gota
   (11) nada
   (12) hágalo
   (13) verdad
   (14) aves
   (15) la vaca
   (16) el burro
   (17) arduo
   (18) ángulo
   (19) ambos
   (20) adquirir
   (21) submarino
   (22) agnóstico

3. Determine si se pronuncia [s] sorda o [z] sonora.
   Ejemplo: es todo—*Se usará [s] sorda, porque /s/ ante consonante se asimila en su sonoridad y en este caso /t/ siguiente es sorda.*

   (1) desdentado
   (2) es Pedro
   (3) mismo
   (4) asco
   (5) este
   (6) es de Juan
   (7) es boleto
   (8) antes de salir

4. Determine si sería [r] simple o múltiple [rr] la pronunciación de *r* y *rr* en las siguientes palabras.

Ejemplo: puerta—*Normalmente, "r" ante consonante se pronuncia simple, pero como no hay contraste en esa posición, en casos de énfasis puede ser múltiple.*

(1) **R**osa (6) habla**r** en voz baja
(2) pue**r**ta (7) pa**r**a
(3) habla**r** bien (8) t**r**es
(4) co**rr**o (9) En**r**ique
(5) se lo voy a da**r** (10) al**r**ededor

5. Compare la pronunciación americana (con seseo y yeísmo) con la peninsular (con diferenciación), en las siguientes palabras.

Ejemplo: **Z**aragoza—[s] *en el español americano (seseo: "s" = "z") pero* [θ] *en el español peninsular (diferenciación: "s" ≠ "z").*

(1) ca**z**a (6) ¿Cuándo me **ll**amaste?
(2) **z**apatos (7) **E**s el mes de mayo.
(3) lo**s** ejemplos (8) No va a **ll**over hoy.
(4) ante**s** (9) Compraron un **y**ate.
(5) Vamos al **c**ine (10) **S**on discusiones muy interesantes.

6. Compare la pronunciación de /s/ en el español mexicano con la del español del Caribe en las siguientes oraciones (en el caso del caribense habrá siempre varias posibilidades).

Ejemplo: Buenos días—(1) *La "s" de "Buenos" será* [z] *sonora en el español mexicano, porque la /s/ ante consonante se asimila en su sonoridad, y en este caso la consonante siguiente, /d/, es sonora. En el español del Caribe lo más probable es que se pronuncie* [h], *o sea, /s/ aspirada. No se suele usar la sibilante ante consonantes y es dudoso que se elimine por completo para no perder el significado de pluralidad. (2) La "s" de "días" será* [s] *sorda en el español mexicano, porque como está en posición final absoluta, no hay consonante siguiente que pueda influir en su pronunciación. En el español del Caribe podría pronunciarse como sibilante sorda* [s], *aspirada,* [h], *o eliminarse por completo [ø]. La sibilante es muy común en posición final absoluta, pero también sería posible eliminarla completamente porque la pluralidad va ya indicada con la /s/ de "buenos".*

(1) Vamos a terminar las lecciones cuanto antes.
(2) Los hijos de María hicieron sus deberes ayer antes de que llegaras.
(3) En el jardín, encontrarás muchas frutas deliciosas.
(4) ¿Qué es lo que tienes en tus manos?
(5) Estos no son los que buscaba.
(6) Espero que completemos los seis primeros para que no tengamos que seguir con ellos mañana.

TEMAS DE DISCUSIÓN

1. ¿Son conscientes los nativos de que usan reglas fonológicas? ¿Podría usted pedirle a un hablante nativo de español que le explique el uso de las fricativas [ƀ, đ, ǥ]?

2. ¿Cuál es la diferencia entre los factores condicionantes extralingüísticos y los lingüísticos? Dé algunos ejemplos de cada uno.

3. ¿En qué contextos operan categóricamente (totalmente) las siguientes reglas fonológicas?
   A. espirantización
   B. asimilación nasal
   C. aspiración de /s/

4. ¿Qué papel juega la estructura silábica en el funcionamiento de las reglas fonológicas en español?

5. ¿Qué métodos serían apropiados en el aula de clase para enseñar los procesos fonológicos?

6. ¿Qué procesos fonológicos entre los discutidos en este capítulo son importantes para los principiantes?

7. Haga un plan para presentar en una clase el funcionamiento de la regla de espirantización. ¿Incluiría usted todos los posibles contextos en una sola presentación?

8. ¿Por qué debe conocer el profesor las distintas modalidades de pronunciación de varias regiones del mundo hispánico? ¿Hasta qué punto debe conocer estas variedades el estudiante?

9. ¿Por qué no existe una noción como "la mejor pronunciación" del español? ¿Qué importancia puede tener esta afirmación en el trato con las minorías de habla hispana en los Estados Unidos?

10. Haga un análisis de los errores de pronunciación de algún estudiante principiante. ¿Cuáles errores se deben a la influencia del inglés y cuáles surgen del mal uso o de no aplicar los procesos fonológicos del español?

11. Haga grabar una lectura simple por: (1) un principiante, (2) un estudiante intermedio y (3) uno avanzado. ¿Cuáles son los errores más arraigados en el habla de los anglohablantes?

Sección segunda
FORMACIÓN DE PALABRAS

Introducción

Debemos distinguir entre los procesos de formación de palabras y los de formación de oraciones. La MORFOLOGÍA, tema de esta sección, es el término que se usa para describir el estudio de los componentes que intervienen en los procesos de formación de palabras. La SINTAXIS, tema de la sección tercera, es el estudio de la estructura de la oración.

Llamamos MORFEMAS a las unidades mínimas significativas de que se componen las palabras. El morfema puede ser una palabra: *vez, cal, cosa.* En otros casos una palabra puede consistir en varios morfemas: *expres + ión, expres + ar.* En inglés y en español los morfemas son raíces o afijos. Los afijos pueden ser prefijos o sufijos. Por ejemplo, la palabra *preferible* consta de un prefijo, *pre-*, una raíz (o base), *-fer-*, y un sufijo, *-ible.*

En español y en inglés distinguimos entre dos tipos de afijos: FLEXIVOS y DERIVATIVOS. Los afijos flexivos se caracterizan por usarse con clases gramaticales específicas, es decir, hay una flexión sustantiva, verbal, adjetival, etc. Las flexiones verbales, por ejemplo, indican conceptos semánticos como tiempo, modo y persona: *amo, amamos, amaron, amasen, amaste,* etc. Los afijos derivativos sirven para crear grupos de palabras, generalmente de distintas clases gramaticales pero relacionadas entre sí semánticamente. Por ejemplo, el sufijo *-oso* puede usarse para formar adjetivos: *cariñoso, bondadoso, tumultuoso.* El sufijo *-dad* se usa para crear sustantivos: *bondad, maldad, crueldad.* A veces se puede aplicar una serie de sufijos a la misma raíz: *dividir, divisor, dividendo, divisorio, división, divisible.* Una diferencia funcional entre los dos tipos de sufijos —flexivos y derivativos— radica en el hecho de que los flexivos pueden aplicarse a todas las palabras de una clase gramatical mientras que los derivativos están muy restringidos. Por ejemplo, el sufijo flexivo *-ndo* puede agregarse a cualquier verbo: *estudiando, leyendo, comiendo;* en cambio, el sufijo derivativo *-dad* se une solamente a determinados adjetivos. El adjetivo *bueno* más *-dad* nos da *bondad* pero en el caso del adjetivo *bonito*, el añadir *-dad* originaría una palabra tal vez comprensible pero inexistente.

Además de procesos flexivos y derivativos, existen maneras de combinar palabras para que produzcan una nueva palabra que llamamos COMPUESTA. Son diversas las categorías gramaticales que entran en el proceso de COMPOSICIÓN. Algunos ejemplos son *pasamano* (verbo + sustantivo), *bocamina* (sustantivo + sustantivo), *sordomudo* (adjetivo + adjetivo) y *ciempiés* (número + sustantivo).

El verbo es la categoría gramatical que tiene más flexiones, tanto en español como en inglés. El sistema verbal flexivo del inglés es, sin embargo, relativamente sencillo porque el verbo tiene solamente de una a cinco formas flexivas distintas, con la excepción del verbo *be,* el más irregular, que tiene ocho formas. Las formas verbales del español, en cambio, pasan a veces de cuarenta. Esta complejidad, inherente al sistema español, explica en parte por qué el estudiante tiene que dedicar mucho tiempo al aprendizaje de las formas verbales del español.

El sustantivo y el adjetivo sufren modificaciones importantes pero menos complicadas que el verbo: la asignación genérica al sustantivo, que produce la concordancia de los modificadores, y la flexión de número, singular-plural, también con concordancia con sus modificadores.

También incluimos en esta sección el estudio de los pronombres, tanto su formación como su función en la oración. En este caso, como en el de la concordancia verbal o adjetival, se trata de procesos más bien sintácticos que pudieran haberse incluido en la sección cuarta: la formación de la oración. Sin embargo, preferimos no separar el estudio de su forma de su función sintáctica y semántica.

Un análisis contrastivo aplicado a la morfología es de escasa utilidad. Los análisis de errores demuestran que la gran mayoría de los errores cometidos por los estudiantes no provienen de la influencia y la interferencia del sistema inglés, sino del proceso de adquisición de los complicados sistemas morfológicos del español mismo. Nos centraremos, por tanto, en el análisis de los sistemas del español, y haremos referencias y comparaciones con el inglés solamente donde nos parezca que es importante hacerlo.

Guía bibliográfica

En esta sección abordamos la formación de palabras por medio de sus componentes, que se denominan MORFEMAS. De mucha utilidad como texto de referencia y sin detalles teóricos es la discusión titulada "Morfología" (segunda parte) de la Comisión de Gramática de la (Real) Academia Española (1973), en el *Esbozo de una nueva gramática de la lengua española*, páginas 164-346.

El análisis morfológico más aceptable del español dentro de la escuela estructuralista americana se encuentra en R. P. Stockwell, J. D. Bowen y J. W. Martin (1965), *The Grammatical Structures of English and Spanish*, sobre todo los capítulos tres ("Word Classes and Morphological Characteristics") y cinco ("Verb Forms") y en W. Bull (1965), *Spanish for Teachers*, especialmente los capítulos siete ("The Pieces and Parts of Words") y nueve ("Morphology and Verb Forms"). De utilidad como libro de referencia para el estudio de los morfemas derivativos es el libro de R. A. Navaez (1970) *Spanish Morphology*. El análisis estructural clásico es el de S. Saporta (1959), "Morpheme Alternates in Spanish".

La escuela generativa enfatiza los procesos fonológicos (llamados morfofonológicos por los estructuralistas) ligados a los procesos morfológicos de flexión y sobre todo de derivación. Para el español el mejor análisis generativo es el de James Harris (1969), *Spanish Phonology*, capítulos 3-5. La posición teórica de la escuela generativa en cuanto a la morfología puede consultarse en la monografía de Mark Aronoff (1976), *Word Formation in Generative Grammar*.

capítulo 3
LA FORMACIÓN VERBAL

Persona-número / La vocal temática y la conjugación / Las formas infinitas / Las formas temporales / Los tiempos simples / La acentuación verbal / Los tiempos compuestos / La formación verbal en inglés / Las irregularidades verbales / Las irregularidades en la vocal radical / Las irregularidades consonánticas

Para la mayoría de los análisis tradicionales, las formas verbales del español constan de una raíz y de una desinencia (*habl* + *aron*). La distinción entre verbos regulares e irregulares se basa en el comportamiento de la raíz al añadirle la desinencia. Si la raíz no cambia, el verbo es por definición regular; si muestra variación, se clasifica como verbo irregular. No es totalmente satisfactoria esta definición porque en la mayoría de los casos la variación radical sigue ciertas reglas relativamente sencillas. Por ejemplo, según esta definición, las formas *tuvo* o *pidió* son irregulares; sin embargo, la alternancia vocálica de la raíz de *pedir* (e ∼ i) es relativamente fácil de describir y caracteriza a varios verbos, mientras que la irregularidad de la raíz pretérita de *tener (tuv-)* presenta más dificultades en su descripción y caracteriza pocas formas. En este capítulo nos centraremos en las irregularidades más productivas.

La raíz representa el significado básico del verbo. Las desinencias tienen varias funciones: representan conceptos semánticos como TIEMPO (presente, pasado), ASPECTO (imperfecto, perfecto) y MODO (indicativo, subjuntivo), categorías gramaticales como NÚMERO (singular, plural) y PERSONA (primera, segunda, tercera) o categorías morfológicas que clasifican los verbos por sus conjugaciones. (Examinemos el significado de estos términos en el capítulo 6.)

Persona-número

Casi todas las formas verbales del español tienen un morfema indicador de persona y número. Sin embargo, no es posible deslindar formalmente un componente que corresponda a la persona y otro que corresponda al número. Por consiguiente, hablaremos de morfemas de PERSONA-NÚMERO. [1]

Cuadro 1: Los morfemas de persona-número

	Singular	Plural
1ª persona	—	-mos
2ª persona	-s	(-is)
3ª persona	—	-n

Cuadro 2: Los morfemas de persona-número en los tiempos verbales

Presente	Indicativo
Presente	Subjuntivo
Imperfecto	Indicativo
Imperfecto	Subjuntivo
Pretérito	Indicativo
Futuro	Indicativo
Condicional	Indicativo

---

[1] Omitimos las formas correspondientes a *vos* y *vosotros* por no ser de uso universal; las que se usan con el pronombre *yo* se discutirán más adelante. El morfema de persona y número que corresponde a *vosotros* es *-is*:

    hablá is   hablara is   hablaré is
    hablé is   hablasteis   hablaríais
    hablabais

El imperativo se forma con /-d/: *hablad, comed, vivid.* Las formas usadas con *vos* varían según la región. Las más usuales son iguales a las

Vemos en el cuadro 1 los morfemas de persona-número, y en el cuadro 2 un ejemplo de las formas en varios tiempos verbales.

Las formas del singular del verbo en español, salvo contadas excepciones, no llevan morfema de persona o número. Las formas del plural llevan siempre /-n/. Las formas que se usan con *tú*, con la excepción del pretérito, llevan /-s/.[2] Las que se usan con *nosotros* llevan siempre /-mos/. Veremos las otras formas y variaciones al examinar cada tiempo verbal.

En inglés apenas existen desinencia de persona-número. Solamente va marcada la tercera persona del singular del presente del indicativo: *he speaks,* cf. *they speak;* ninguna otra forma verbal del inglés lleva indicador de persona-número. Así pues, no sólo no es más consciente el uso de la marca de persona-número con las formas verbales del inglés, sino que en el único caso en que sí se usa, tal uso no corresponde al español ya que es precisamente la tercera persona del singular la que nunca tiene morfema de persona-número: *habla* (singular), *habla**n*** (plural) vs. *speak**s*** (singular), *speak* (plural).

Singular (3ª persona)	*Forma* **tú** (2ª persona)	*Plural* (3ª persona)	*Forma* **nosotros** (1ª persona)
habla	habla **s**	habla **n**	habla **mos**
hable	hable **s**	hable **n**	hable **mos**
hablaba	hablaba **s**	hablaba **n**	hablába **mos**
hablara	hablara **s**	hablara **n**	hablára **mos**
habló	hablaste	hablaro **n**	habla **mos**
hablará	hablará **s**	hablará **n**	hablare **mos**
hablaría	hablaría **s**	hablaría **n**	hablaría **mos**

del *tú* excepto en el presente, donde exige *vos* el cambio de lugar del acento:

	tú	*vos*
Indicativo	hablas	hablás
Subjuntivo	hables	hablés
Imperativo	habla	hablá

[2] En el habla cotidiana se oye a menudo el morfema /s/ de persona-número usado con la forma del pretérito: *hablastes, comistes, vivistes,* etc. De esta manera se regulariza totalmente el morfema que representa la segunda persona del singular.

yo	— (y /-o/ en el presente del indicativo)
tú	-s
él, ella	—
nosotros	-mos
ellos, ellas	-n

Cuadro 3: La concordancia verbo-pronombre

La consecuencia sintáctica de usar morfemas de persona-número es la concordancia obligatoria del sufijo de persona-número con el sujeto nominal o pronominal de la frase verbal, tanto en inglés como en español. Los pronombres tienen correspondencia directa (cuadro 3).

En el caso de los sustantivos, el singular (igual que *él, ella*) no toma desinencia: *el muchacho habla*, y el plural (igual que *ellos, ellas*) toma /-n/: *los muchachos habla*n. En inglés, la única desinencia, /-s/, concuerda con los pronombres *he, she, it* y cualquier sustantivo en singular: *the robin (it) sing*s.

Así, la noción de lo que es una desinencia de persona-número y su concordancia obligatoria, no es difícil para el anglohablante. La dificultad resulta de la producción de los morfemas específicos del español, que se usan además en *todos* los tiempos verbales, y no solamente el presente. Aunque el estudiante entienda perfectamente bien el sistema de concordancia verbal español, tiene grandes problemas para actualizar este conocimiento en su habla. Al principio usa las formas casi al azar: **Usted conoces al señor... *yo quiso presentarlo... *ellos nos invitamos... *si usted ver al muchacho... *yo necesita español... *él estudio en la universidad... *él vivo en la hospital....* Una estrategia muy común es la de repetir la misma forma de la pregunta. Profesor: *¿Qué estudia usted?* Estudiante: **(Yo) estudia español*.

El uso correcto de los indicadores de persona-número llega con la fluidez en la lengua, que únicamente se desarrolla con el uso constante. Es probable que no resulte de gran utilidad para el estudiante pasarse demasiado tiempo al principio corrigiendo errores de concordancia de persona-número ya que si el principiante desgasta sus energías mentales en este proceso mecánico, es dudoso que le quede mucha para invertirla en los componentes más importantes de la oración, es decir, en la codificación de la información que quiere transmitir a su oyente.

La vocal temática y la conjugación

El verbo en español pertenece arbitrariamente a una de las tres clases llamadas tradicionalmente CONJUGACIONES. El factor determinante de la clase o conjugación del verbo es la vocal que tiene como función el unir las flexiones a la raíz del verbo si tienen consonantes iniciales, por ejemplo -mos, -s, etc. Estas vocales son: /a/, que marca la 1ª conjugación, /e/, que marca la 2ª conjugación, e /i/, que marca la 3ª conjugación. Estas vocales, llamadas TEMÁTICAS, varían según el afijo que se les añade y según la posición del acento prosódico. Como no hay variación cuando van acentuadas delante de la -r final, que es la marca del infinitivo, es ésta la forma que aparece en el diccionario y la que se usa como forma básica en los textos de enseñanza. (Cuadro 4.)

La vocal temática sufre varios cambios. Lo más importante es, sin embargo, el hecho de que algunos de los cambios han dado como resultado la ausencia de diferenciación entre la segunda y la tercera conjugaciones. Las excepciones son: (1) el infinitivo, com + e + r (segunda), viv + i + r (tercera) y (2) la primera persona plural presente del indicativo, com + e + mos (segunda), viv + i + mos (tercera). En todas las demás formas no hay diferencia alguna.

La vocal temática cobra más importancia en los tiempos del presente, ya que en estas formas no hay ningún morfema temporal; el morfema de persona-número se une directamente por medio de la vocal temática a la raíz: habl + a + n (raíz + vocal temática + persona-número). Por eso, la diferencia modal —indicativo y subjuntivo— tiene que representarse en la vocal

	Raíz	Vocal temática	Marca del infinitivo
1ª conjugación:	habl	a	r
2ª conjugación:	com	e	r
3ª conjugación:	viv	i	r

Cuadro 4: La conjugación y la vocal temática

temática. Tal diferencia se establece mediante una conmutación vocálica: en la primera conjugación /a/ → /e/, *habl* + *a* + *n* (indicativo) y *habl* + *e* + *n* (subjuntivo), y en la segunda y tercera conjugaciones /e/, /i/ → /a/, *com* + *e* + *n* (indicativo) y *com* + *a* + *n* (subjuntivo).

La vocal temática de la primera conjugación, /a/, sufre pocas alteraciones. Únicamente en ciertas personas del pretérito hay una fusión de /a/ con el morfema temporal. Las vocales temáticas de la segunda y tercera conjugaciones /e/, /i/ sufren más cambios. En la mayoría de las formas, la vocal temática tanto para la segunda como para la tercera es /i/, pero en ciertas formas aparece un diptongo /ie/. Discutiremos con más detalle estas variaciones de la vocal temática cuando consideremos cada tiempo verbal.

No existe en inglés el concepto de vocal temática ni el de clases conjugacionales de verbos. El principiante se confunde fácilmente porque oye formas verbales con /a/ y /e/ (y algunas veces /i/) en el presente constantemente (*habla*, *cree*, *usa*, *come*, *tiene*, *puede*, *necesita*, *estudia*, etc.), con lo que el estudiante no puede evitar la impresión de que está ante una clasificación arbitraria. Así pues, es normal que produzca formas como **Muchos piensen que soy mexicano*, **Él no necesite estudiar mucho*, **Todos puedan hacerlo*. Durante mucho tiempo las vocales /a/ y /e/ se usan de una manera muy variable y se intercambian sin regla fija. Esto origina problemas cuando se estudia el modo subjuntivo (y por consiguiente, las formas imperativas), ya que la diferencia en los tiempos presentes se basa absolutamente en el contraste /a/ ↔ /e/. Por ello, si el estudiante emplea una oración como **Es necesario que entran* no debe de concluirse que se trata de un error en la selección modal; muy bien puede ser un simple error en el uso de la vocal temática. Volveremos a hablar de las variantes de la vocal temática al considerar los distintos tiempos verbales.

Las formas infinitas

Hay tres formas verbales que no llevan desinencia de persona-número, que denominamos formas INFINITAS: el INFINITIVO (*hablar*), el PARTICIPIO (*hablado*) y el GERUNDIO (*hablando*). El morfema que representa el infinitivo es /r/ y va ligado a la raíz por medio de las tres vocales temáticas /a/, /e/, /i/ (*habl* + **a** + *r, com* + **e** + *r, viv* + **i** + *r*). La marca del participio es /-do/ y va unida a la raíz por las vocales temáticas /a/, /i/ (*habl* + **a** + *do, com* + **i** + *do, viv* + **i** + *do*). La marca del gerundio es /-ndo/ y va unida por las vocales temáticas /a/, /ie/ (*habl* + **a** + *ndo, com* + **ie** + *ndo, viv* + **ie** + *ndo*). Como se ve, la vocal temática de la 2.ª (/e/) y de la 3.ª (/i/) conjugaciones, se ha igualado en /i/ en el caso del participio y en /ie/ en el caso del gerundio. Como dijimos, esta confluencia de la vocal temática en la 2.ª y la 3.ª conjugaciones es normal en la gran mayoría de las formas verbales.

La adquisición de las reglas de formación de las formas infinitas (infinitivo, participio y gerundio), por lo general es fácil para el anglohablante. Los morfemas que representan el infinitivo, el gerundio y el participio, son invariables: /-r/, /-do/, /-ndo/.

Las formas temporales

Las formas flexivas del verbo español comprenden dos series: los tiempos simples y los tiempos compuestos. Los simples constan de una sola palabra (*hable, hablaron*, etc.), mientras que los compuestos se forman mediante el verbo auxiliar *haber* más el participio (*he estudiado, habíamos comido, hubiera visto*, etc.). Los dos conjuntos de formas se complementan: para cada forma simple existe una compuesta. Analizaremos los tiempos señalados en el cuadro 5.

	Simple	*Compuesto*
Presente indicativo	habla	ha hablado
Presente subjuntivo	hable	haya hablado
Imperfecto indicativo	hablaba	había hablado
Imperfecto subjuntivo	hablara	hubiera hablado
	hablase	hubiese hablado
Pretérito indicativo	habló	hubo hablado
Futuro indicativo	hablará	habrá hablado
Condicional indicativo	hablaría	habría hablado

Cuadro 5: Los tiempos verbales: simples y compuestos

Cuadro 6: El imperativo

Tú	habla	no hables
Usted	hable	no hable

No hay necesidad de entrar en un análisis de las formas del imperativo ya que se derivan de otras formas, casi siempre de las subjuntivas (cuadro 6).

Estas formas son las subjuntivas correspondientes, con la excepción de la forma positiva para *tú* que es indicativa y carece de desinencia de persona-número. Compárese *tú hablas* con *¡habla! (tú)*.

Los tiempos simples

Las formas simples del presente constan de una raíz, más una vocal temática, más el morfema de persona-número. Constituyen una excepción las formas cuyo sufijo es una vocal. En ese caso no hay necesidad de vocal temática; se presenta este caso con la -o de la primera persona del presente del indicativo: *hablo (*hablao), como (*comeo), vivo (*vivio)*. Otra excepción se presenta en el caso de la tercera persona, para la que normalmente no hay morfema de persona-número: (*habla, come, vive*). Para indicar tiempo, modo y aspecto hay morfemas especiales que se intercalan entre la raíz (más la vocal temática) y el morfema de persona-número: (*habl* + *a* + **ba** + *s*).

Las formas del presente, tanto el indicativo como el subjuntivo, no llevan ninguna marca de tiempo o aspecto. Este hecho se destaca al comparar las formas del presente con las de los tiempos pasados (cuadro 7).

	Indicativo	*Subjuntivo*
Presente	habl a n	habl e n
Imperfecto	habl a ba n	habl a ra n
Pretérito	habl a ro n	habl a se n

Cuadro 7: El presente y el pasado

FORMACIÓN VERBAL

Raíz	Vocal temática	Tiempo	Persona-número
habl	a	ra se	ø s mos n

Cuadro 8: El imperfecto del subjuntivo

Los otros tiempos tienen su propio morfema, que en algunas formas se funde con la vocal temática. En *habl + a + ba* vemos claramente la vocal temática *-a-* y el morfema del imperfecto del indicativo *-ba-*, pero en una forma como *habló* la *-ó* es el resultado moderno de una antigua fusión de la vocal temática y el morfema del pretérito. Veamos entonces la formación de cada tiempo simple del cuadro 5.

Las formas del imperfecto del subjuntivo son sencillas de generar. Hay dos posibilidades, formas en *-ra-* y formas en *-se-* (cuadro 8).

La generación del imperfecto del indicativo tampoco es complicado. El morfema básico es *-ba-*, *habl + a + ba + s*, pero para verbos de la 2.ª y 3.ª conjugaciones se suprime la /b/: *com + i + a + s*, *viv + i + a + s*. Las vocales temáticas para la segunda y tercera conjugaciones son /i/ para el indicativo, *com + i + a + s*, y /ie/ para el subjuntivo, *com + ie + ra + s*. En el cuadro 9 se presentan las fórmulas para generar las formas imperfectas.

Debido a los cambios fonéticos que se han efectuado en el español a través de su historia, las formas del pretérito son muy complejas. En primer lugar, el pretérito no tiene indicador de persona-número para las formas de la segunda persona del singular: compárese *hablaste* del pretérito con *hablabas* del imperfecto. La diferencia más sobresaliente reside en el hecho de que, en contraste con las otras formas verbales de tiempo, el indicador de tiempo varía de acuerdo al número y a la persona. El indicador de la tercera persona del plural es /-ro/, *hablaron*, *comieron*, cf. el imperfecto *hablaban*. Las formas de *nosotros* no tienen indicador propio; *hablamos* y *vivimos* son a la vez presentes y pretéritos, cf. *hablábamos* del imperfecto. El pre-

	Raíz	Vocal temática	Morfema temporal, aspectual y modal	Morfema de persona y número
Indicativo	habl-	a	ba	⎧ ø ⎫
	com- ⎫ viv- ⎭	í	a	⎨ s mos ⎬ ⎩ s ⎭
Subjuntivo	habl-	a	⎧ ra ⎫	⎧ ø ⎫
	com- ⎫ viv- ⎭	ie	⎨ se ⎬	⎨ s mos ⎬ ⎩ s ⎭

Cuadro 9: La generación de las formas imperfectas

térito de la segunda conjugación se diferencia únicamente del presente en que la vocal temática /e/ de los verbos de la segunda conjugación se cierra en /i/ en las formas del pretérito, y así *comemos* en el presente contrasta por su vocal temática con *comimos* en el pretérito. El morfema usado en las formas de *tú* es /-ste/, *hablaste*; compárese con *hablabas* en el imperfecto. [3]

Las formas de la primera y tercera personas del pretérito se han complicado debido a la fusión del indicador de tiempo con la vocal temática. El indicador de la primera persona del singular del pretérito se desarrolló a partir de una /i/ que se fundió con la vocal temática (cuadro 10).

La tercera persona del singular tiene un indicador que se desarrolló a partir de una /u/, que en las formas de la primera conjugación se fundió con la vocal temática (á + u > ó) y en las formas de la segunda y tercera conjugaciones se abrió en

---

[3] Es curioso que en la serie de textos *Spanish for Communication* y *Communicating in Spanish* (Bull, W., et al., 1972, 1974), que son por lo general excelentes y en los que se usa un análisis morfológico para enseñar las formas verbales, se considere el morfema /-ste/ como indicador especial de persona-número. Si esto se aceptara, una forma como *hablastes*, tan común entre el pueblo en todo el mundo hispánico, tendría dos morfemas de persona-número, conclusión totalmente inadmisible, lo que prueba el error de tal análisis.

1ª conjugación	2ª conjugación	3ª conjugación
á + i > é hablé	é + i > í + i > í comí	í + i > í viví

Cuadro 10: La fusión vocálica en la primera persona del pretérito

1ª conjugación	2ª conjugación	3ª conjugación
á + u > ó habló	é + u > í + u > i + ó comió	í + u > i + ó vivió

Cuadro 11: La fusión vocálica en la tercera persona singular del pretérito

/o/ (í + u > i + ó, con cambio de lugar del acento) (cuadro 11). Además de estas fusiones complejas, las vocales temáticas de la segunda y tercera conjugaciones se diptongaron en las formas del plural (cuadro 12).

Debido a la complejidad morfológica de las formas del pretérito, es muy difícil hacer generalizaciones simples que ayuden al estudiante. El análisis tradicional —raíz más desinencia— parece ser la más adecuada (*habl* + -*é*, -*aste*, -*ó*, -*amos*, -*aron*). Sin embargo, se advierten ciertas regularidades: /-mos/ y /-n/, indicadores de persona y número, /-ste/ y /-ro-/, indicadores del pretérito, y la /i/, vocal temática para la segunda y tercera conjugaciones.[4]

1ª conjugación	2ª conjugación	3ª conjugación
habl + a + ro + n hablaron	com + ie + ro + n comieron	viv + ie + ro + n vivieron

Cuadro 12: La diptongación de la vocal temática en el pretérito

---

[4] Las formas del pretérito son excepcionalmente difíciles por su complejidad morfológica. Después de que los estudiantes hayan visto las formas del pretérito, recomendamos que hagan actividades en las que pueden insistir casi diariamente durante el resto del primer año.

Indicativo	habl	a	n	com	e	n
Subjuntivo	habl	e	n	com	a	n

Cuadro 13: La diferencia modal en el presente

Las formas del presente se diferencian de las del pasado en que les falta el morfema temporal. El indicador de persona y número va unido a la raíz por medio de la vocal temática (cuadro 13).

Salvo raras excepciones, no hay en español sílabas finales con /i/, /u/ átonas; por eso, la vocal temática de la tercera conjugación se abrió en esta posición (cuadro 14).

La primera persona del singular del presente del indicativo (*hablo, como, vivo*) representa un caso especial. En primer lugar, lleva un indicador de persona-número, /-o/, a diferencia de los demás tiempos (cf. *hablaba, hablara, hablase*, etc.) que no tienen ninguno. Además, este morfema es fonéticamente una vocal, /-o/, a diferencia de las demás desinencias de persona-número /-s/, /-n/, /-mos/. Por consiguiente, la /o/ no se une a la raíz a través de una vocal temática: *habl + o, com + o, viv + o.*

En el cuadro 15 combinamos todos los morfemas usados para las formas del presente del indicativo.

La formación del futuro y el condicional representa un caso excepcional. Históricamente son formas compuestas del infinitivo seguido del verbo *haber.* Así, *hablaré* es *hablar + he, hablaremos* es *hablar + hemos,* etc. Hoy día estas formas se han

Cuadro 14: La abertura vocálica en la tercera conjugación presente

vív + i + s	>	vives
vív + i	>	vive
vív + i + n	>	viven
viv + í + mos	>	vivimos

Incluso en el segundo año es necesario volver a esta práctica. Hemos conocido a estudiantes que sólo después de muchos años llegan a dominar las formas del pretérito.

1ª conjugación		2ª conjugación		3ª conjugación	
habl	o	com	o	viv	o
habl	a	ø / -s / -mos / -n	com	e	ø / -s / -n / -mos	viv	e i	ø / -s / -n / -mos

Cuadro 15: Generación de las formas del presente del indicativo

fundido totalmente y nunca se separan. Por esa razón analizamos /-re-/ ∼ /-ra-/ (hablaremos, hablarán) como la marca del futuro, aunque sabemos que antiguamente la /-r-/ fue la marca del infinitivo y la /-e-/ y /-a-/ vocales temáticas del verbo auxiliar *haber* (cuadro 16). La variación vocálica /-re-/ ∼ /-ra-/ se debe a esta misma variación irregular en la conjugación del verbo *haber: he, has, ha, hemos, han.*

Para generar las formas del condicional, se usa /-ría-/ como morfema de tiempo: *hablaría, comerías, vivirían,* etc. Históricamente este morfema se desarrolló a partir de la /-r-/ del infinitivo, e /-ía-/ del imperfecto del indicativo de *haber, había,* menos la raíz *hab-.*

En resumen, el sistema de formas verbales simples consta de once tipos, ocho de los cuales llevan morfemas de persona-número (cuadro 17).

Raíz	Vocal temática	Tiempo	Persona-número	
habl-	a	re	ø	1ª persona singular
			-mos	1ª persona plural
com-	e	ra	ø	3ª persona singular
			-s	2ª persona singular
viv-	i		-n	3ª persona plural

Cuadro 16: Formación del futuro

		Raíz	Vocal temática	Morfema de tiempo	Persona-número
Infinitivo		habl	a	r	ø
Participio		habl	a	do	ø
Gerundio		habl	a	ndo	ø
Presente	Indicativo	habl	a	ø	n
	Subjuntivo	habl	e	ø	n
Imperfecto	Indicativo	habl	a	ba	n
	Subjuntivo	habl	a	ra	n
	Subjuntivo	habl	a	se	n
Pretérito	Indicativo	habl	a	ro	n
Futuro	Indicativo	habl	a	rá	n
Condicional	Indicativo	habl	a	ría	n

Cuadro 17: Los morfemas de tiempo de las formas simples

La acentuación verbal

La posición del acento se rige, salvo contadas excepciones, por el morfema de tiempo.[5] Hay tres reglas:

A. Las formas del presente (indicativo y subjuntivo) llevan acento en la última sílaba de la RAÍZ con excepción de la primera persona del plural: *habla*, etc.[6]

B. Las formas anticipatorias (futuro y condicional) llevan acento en la sílaba posterior a la vocal temática (en la sílaba encabezada con /-r-/): *hablarás*, etc.

C. Las demás formas (infinitas y pasadas) llevan el acento en la vocal temática: *hablaste, hablado*, etc.

Según nuestra experiencia, estas reglas ayudan a los estudiantes a reconocer los distintos tiempos verbales. A través del apren-

---

[5] Un análisis completo se encuentra en Hooper y Terrell (1976).

[6] Las formas de *vosotros* y *vos* también son excepciones ya que toman el acento en la última sílaba, o sea en la vocal temática. Indicativo: *habláis, hablás*; subjuntivo: *habléis, hablés*; imperativo: *hablad, hablá*.

hablará	˘ ˘ ´	futuro	
habla	´ ˘	presente	
hablaba	˘ ´ ˘	pasado	{ imperfecto
habló	˘ ´		pretérito

dizaje, el estudiante pasa por una etapa en la que no percibe
ni reacciona ante las diferencias fonéticas de las terminaciones
verbales. En este caso el lugar del acento puede ser importante
en la percepción de las diferencias temporales. Nótese, por ejemplo, el contraste acentual entre las formas de *hablar* en el cuadro 18.

Hay formas para las que esta correspondencia no ayudará
demasiado al estudiante (*comemos, comimos,* por ejemplo), pero
en una primera aproximación puede ser bastante útil.

Los tiempos compuestos

Hemos definido los tiempos compuestos limitándonos a su formación con el verbo auxiliar, *haber,* y el participio: *hemos hablado, hubiera comido, habrán vivido,* etc. En el capítulo seis
se tratarán otros casos de auxiliar más verbo como *estar + comiendo* o *poder + vivir.*

Aunque se podría hacer un análisis morfológico de las formas
del verbo auxiliar *haber,* igual que de cualquier otro verbo,
aparecen algunas irregularidades. En el presente (cuadro 19) se
suprime la raíz dejando solamente una vocal temática, que en

Cuadro 19: El presente de
haber

	Singular	Plural
1ª persona	he	hemos
2ª persona	has	—
3ª persona	ha	han

Cuadro 20: Las raíces de *haber*

Imperfecto del indicativo	hab	ía
Imperfecto del subjuntivo	hub	iera
Pretérito del indicativo	hub	o
Presente del subjuntivo	hay	a
Futuro del indicativo	hab	rá
Condicional del indicativo	hab	ría

la primera persona es /e/ y en las demás personas /a/, más el morfema de persona-número. La letra *h* de la base se conserva por razones históricas (< latín *habere*), pero no representa ninguna realidad fonética.

En los otros tiempos (cuadro 20) hay una amplia variedad de irregularidades en la raíz. En el caso del futuro y del condicional, se suprime la vocal temática.

La formación verbal en inglés

Las formas verbales del inglés también constan de una raíz más una desinencia; a diferencia del español, la desinencia en inglés es siempre un solo morfema, como se destaca al comparar una forma del pasado del inglés con una del pretérito del español: *talk* + *ed* (inglés) y *habl* + *a* + *ro* + *n* (español).

Los verbos ingleses llamados REGULARES pueden tomar un total de tres morfemas distintos (cuadro 21).

s	/-z/	indicador de persona-número (3ª persona del singular del presente de indicativo)
ed	/-d/	indicador del pasado y el participio
ing	/iŋ/	indicador del gerundio

Cuadro 21: Los morfemas verbales del inglés

FORMACIÓN VERBAL

	Verbo regular, talk	*Verbo fuerte*, speak
Base	talk	speak /i/
3ª persona, singular	talks	speaks /i/
Gerundio	talking	speaking /i/
Pasado	talked	spoke /o/
Participio	talked	spoken /o/ + /ən/

Cuadro 22: Los verbos regulares y fuertes del inglés

La base, sin desinencia, cumple la función de algunos otros tiempos verbales. Así, *talk* sirve de infinitivo, presente del indicativo, presente del subjuntivo, imperativo, etc.

Los verbos del inglés llamados FUERTES son los que diferencian la forma del pasado y la del participio. El morfema para el participio es con frecuencia *en*, /ən/, con cambios vocálicos concomitantes en la raíz (*speak* → *spoken*). El pasado se forma mediante varias conmutaciones vocálicas (*speak* → *spoke*, /i/ → /o/) o consonánticas (*have* → *had*, /v/ → /d/). Comparemos un verbo regular con uno fuerte (cuadro 22).

Además de los verbos regulares y fuertes, existen todavía otras posibilidades. Dos verbos, *must, ought,* tienen una sola forma. Cuatro verbos, *can/could, may/might, will/would, shall/should,* no tienen más que formas del presente y del pasado. Hay algunos verbos cuya forma del pasado y del participio es sencillamente la base (*put*). El verbo más irregular en inglés es *be* con ocho formas distintas: tres presentes, *am, is, are*; dos pasados, *was, were*; el participio, *been*; el gerundio, *being;* y la base misma, *be.* El cuadro 23 ilustra las posibles variantes de formas verbales en inglés.

1 forma	*2 formas*	*3 formas*	*4 formas (regulares)*	*5 formas (fuertes)*	*8 formas*
must	can	put	want	sing	be
ought	may	cut	help	go	
	will	let	beg	have	
	shall	cast	need	see	
	etc.	etc.	etc.	etc.	

Cuadro 23: La clasificación según el número de formas en inglés

La formación verbal en inglés

En español los morfemas verbales son muy complicados debido a su gran número y variación según cada tiempo verbal. En inglés, en cambio, son muy pocos los morfemas verbales: /z/, /d/ y /iŋ/, aunque sí existe cierta variación fonológica. En inglés la variación del morfema verbal está regida por el contexto fonético. Si los morfemas de la 3.ª persona singular /z/ (presente) o /d/ (pasado) se agregan a raíces que terminan en una consonante sorda, se ensordecen: *eat* + /z/ > *eat*[s], *talk* + /d/ > *talk*[t]. Si al añadir /z/ o /d/ se forma un grupo consonántico no permitido, se intercala una "schwa" [ə] para separar las consonantes: *lurch* + /z/ > *lurch*[ə]s, *wait* + /d/ > *wait*[ə]d. Esta variación del inglés no parece afectar en absoluto a la adquisición del sistema morfológico verbal en español.

Hay que concluir, en general, que lo único que tienen en común los dos sistemas de morfología verbal de las formas simples es que, tanto en inglés como en español, se crean formas verbales por medio de sufijos. Sin embargo, las diferencias son tan grandes que no podemos esperar ninguna transferencia positiva de una lengua a la otra en las primeras etapas preliminares.

Los tiempos del inglés que corresponden a los tiempos perfectos y a los tiempos posteriores (futuro y condicional) del español son formas compuestas. Los posteriores se forman mediante un verbo auxiliar en el presente (*will*) y el pasado (*would*) más el infinitivo: presente (futuro), *will speak*, cf. *habla* + *ré*; pasado (condicional), *would speak*, cf. *habla* + *ría*. Así, estos tiempos se forman en ambos idiomas con un verbo auxiliar conjugado en el presente y el pasado, más el infinitivo. Pero en español el auxiliar sigue al verbo y se ha fundido con el infinitivo, mientras que en inglés le precede y se mantiene como una palabra distinta. La reducción de *will* y *would*, cuando ocurre, no se realiza con el infinitivo sino con el pronombre o sustantivo que sirve de sujeto de la frase: *I* + *will* > *I'll*, *I* + *would* > *I'd*.

Las formas del perfecto en inglés se generan, como en español, con el verbo auxiliar *have* antepuesto al participio: perfecto presente, *have studied/he estudiado;* perfecto pasado, *had studied/había estudiado*. También, como en español, hay dos tiempos compuestos posteriores: perfecto futuro, *will have studied/habré estudiado;* perfecto condicional, *would have studied/ habría estudiado.*

Comparándola con las formas simples, la composición con *have (haber)* en inglés es casi idéntica a la del español. La transferencia positiva da como resultado la poca dificultad que tienen los anglohablantes con las formas compuestas del español. La única dificultad surge particularmente en la formación irregular del verbo auxiliar *haber* en español.

El sistema morfológico verbal del español no es fácil para el principiante, y la adquisición de los detalles de su funcionamiento requerirá mucho tiempo y esfuerzo.

Las irregularidades verbales

Las irregularidades en español, salvo raras excepciones, afectan a la raíz de la forma verbal. Las irregularidades son de dos tipos, vocálicas (*perder-pierdo*) y consonánticas (*conocer-conozco*) aunque hay algún que otro caso en que concurren los dos tipos de irregularidad en una sola forma (*decir-digo*).

Las irregularidades en la vocal radical

Las alternancias vocálicas de la raíz de ciertos verbos son de dos tipos. Hay varios cuyas vocales medias tónicas /o/, /e/ se han diptongado en /ue/, /ie/. Esta regla se ha aplicado a unos cien verbos de la primera y segunda conjugaciones. Las formas de estos verbos son de dos tipos únicamente: las que tienen una vocal radical tónica diptongada y las otras que mantienen la vocal radical átona sin cambio. El diptongo aparece solamente en las formas del presente de indicativo y de subjuntivo, porque en las demás formas del verbo la vocal radical siempre es átona (cuadro 24). No hay diptongación en las formas de la primera persona del plural ya que el acento cae en la vocal temática en vez de en la vocal radical.

De los muchos verbos de la primera conjugación que sufrieron el cambio /e/ → /ie/ históricamente, unos 130 o más se conservan hoy. Algunos de los más comunes son *acertar, alentar, enterrar, cegar, despertar, empezar, helar, manifestar, negar, nevar,*

Primera conjugación			Segunda conjugación		
contar			poder		
	Indicativo	Subjuntivo		Indicativo	Subjuntivo
cuént	o	e	puéd	o	a
cuént	as	es	puéd	es	as
cuént	a	e	puéd	e	a
cuént	an	en	puéd	en	an
cont	amos	emos	pŏd	emos	amos

Cuadro 24: La diptongación de la vocal radical

pensar, sentar, temblar. Hay además unos 25 verbos de la segunda conjugación, de los cuales los más comunes son *ascender, defender, entender, perder.* También *querer, tener* y *venir* sufrieron este cambio, pero estos verbos participan también en otras irregularidades.

Hay unos 110 verbos de la primera conjugación que sufrieron el cambio /o/ → /ue/ entre los que se encuentran *acordar, acostar, almorzar, contar, encontrar, mostrar, rogar, soñar, volar.* De la segunda conjugación hay unos 20: *oler, doler, volver, morder, llover, mover.* También entraría *poder,* aunque es irregular en otros aspectos.

La regla de diptongación se aplica de esta manera a ciertos verbos de la primera y segunda conjugaciones; la gran mayoría de los verbos de estas conjugaciones no sufren cambio vocálico alguno: *comer, abandonar, beber, borrar, brotar, merecer,* etc. Hoy día no existe ninguna motivación fonológica que ocasione diptongación y hasta hay verbos idénticos que contrastan, como por ejemplo, *cocer* con el cambio /o/ a /ue/, y *coser* sin ningún cambio. El estudiante tiene que aprender de memoria una clasificación arbitraria de los verbos de la primera y segunda conjugaciones por lo que respecta a la diptongación. Un método didáctico que se usa comúnmente es el de indicar el diptongo por medio de paréntesis después del infinitivo: *perder (ie);* otro es el de indicar la /o/ y la /e/ que cambian con letras mayúsculas, así *pOder, pErder.*

El segundo grupo de verbos se caracteriza por las vocales medias /o/, /e/ que se cierran en /u/ e /i/ respectivamente.

El factor que condiciona estos cambios es la presencia o ausencia de una /i/ tónica como vocal temática en la sílaba siguiente. El cambio se restringe a los verbos de la tercera conjugación, en la que esta regla evita la secuencia de dos vocales cerradas con una segunda vocal tónica. Es decir, históricamente siempre hubo cerrazón cuando la sílaba siguiente a la raíz NO tenía una /i/ tónica. [7] Por ejemplo, en el verbo *pedir* observamos que la vocal temática del infinitivo y del participio es una /i/ tónica y no hay cambio alguno en la vocal radical: *pedir, pedido;* paralelamente, tampoco hay cambios en los tiempos derivados del infinitivo: el futuro *pediré, pedirás,* etc. y el condicional *pediría, pedirías,* etc. El imperfecto del indicativo se forma con la /i/ temática, siempre acentuada, sin que haya cambio (*pedía, pedías,* etc.). Por el contrario, el imperfecto de subjuntivo y el gerundio se forman con la vocal temática diptongada /ie/. La /i/ del diptongo /ie/ no es tónica y por consiguiente la /e/ en la radical se cierra en /i/: *pidiera, pidieras,* etc. y *pidiendo.* En el caso del pretérito de indicativo hay dos formas con /i/ temática átona: la tercera persona del singular y del plural (*pidió, pidieron*), las cuales demuestran que se ha operado el cambio correspondiente. En las demás formas del pretérito no hay cambio de la vocal radical por ir seguida de /i/ temática tónica (*pedí, pediste, pedimos*). Por ser de la tercera conjugación, el verbo *pedir* tiene /a/ como vocal temática en el presente de subjuntivo y no hay posibilidad de que aparezca una /i/ tónica que impidiera el cambio de la vocal radical (*pida, pidas, pidan, pidamos*). En las formas del presente de indicativo solamente la primera persona del plural tendrá /i/ acentuada porque el acento de las demás formas cae en la raíz, de ahí la forma *pedimos* sin cambio en la vocal radical, y *pido, pides, pide, piden* con cambio de /e/ a /i/. Veamos un esquema aclaratorio (cuadro 25).

La regla de cerrazón /e/ → /i/ afectó solamente unos 50 verbos de la tercera conjugación: *concebir, medir, pedir, seguir, vestir.*

---

[7] En muchos textos se confunden las dos reglas, la de diptongación y la de cerrazón, y se presentan las dos clases de verbos como si siguieran la misma regla. Es verdad que en el presente de indicativo aparecen las mismas formas en las que se diptonga o cierra la /e/ (cf. *pienso, pensamos* y *pido, pedimos*). Sin embargo en los demás tiempos verbales, la aplicación de las dos reglas no da resultados iguales (cf. las formas del presente de subjuntivo *piense, pensemos* y *pida, pidamos*).

	/e/ → /i/	Sin cambio (con vocal temática /i/ tónica)
Presente Indicativo	pido, pides pide, piden	pedimos
Subjuntivo	pida, pidas, pidamos, pidan	—
Imperfecto Indicativo	—	pedía, pedías, pedíamos, pedían
Subjuntivo	pidiera, pidieras, pidiéramos, pidieran	—
Pretérito	pidió, pidieron	pedí, pediste, pedimos
Infinitivo (y futuro, condicional)	—	pedir (é, ás, etc.)
Gerundio	pidiendo	—
Participio	—	pedido

Cuadro 25: La cerrazón de la vocal radical

No existen verbos cuya única irregularidad sea el cambio /o/ → /u/, aunque esta regla, operando por analogía con el cambio /e/ → /i/, sí juega un papel importante en los verbos que se discutirán a continuación.

Existe un tercer grupo de verbos que sufrieron tanto la diptongación (/e/ → /ie/; /o/ → /ue/) como la cerrazón (/e/ → /i/; /o/ → /u/) de la vocal radical. De los dos procesos, tuvo preeminencia el de la diptongación.

La diptongación se aplica solamente a las formas que tienen una vocal radical tónica, o sea, en el presente del indicativo y subjuntivo: *duermo, duermes, duerme, duermen* y *duerma, duermas, duerma, duerman*. Las de la primera persona del plural no se diptongan por llevar el acento en la vocal temática. La regla de cerrazón rige los cambios en este contexto: en *dormimos* no cambia /o/ a /u/ porque la vocal temática /i/ es tónica, pero en el presente de subjuntivo tenemos *durmamos* porque no hay /i/ tónica que impida el cambio vocálico (cuadro 26). Las formas de los demás tiempos obedecen la norma de cerrazón porque no hay vocales radicales tónicas para que se efectúe la

Sin cambio	Diptongación	Cerrazón
dormimos	duerm + o/a duerm + es/as duerm + e/a duerm + en/an	durmamos

Cuadro 26: La diptongación y la cerrazón en el presente

diptongación. En el cuadro 27 presentamos un esquema completo que ilustra estos cambios.

Hay unos 30 verbos de la tercera conjugación que se vieron afectados por la diptongación /e/ → /ie/ y la cerrazón /e/ → /i/. Son los que terminan en *-entir* (*sentir, mentir*, etc.), *-erir* (*herir, digerir, transferir*, etc.) y *-ertir* (*advertir, divertir*, etc.). Solamente existen dos verbos que sufrieron los cambios /o/ →

DIPTONGACIÓN		CERRAZÓN	SIN CAMBIO
Indicativo	*Subjuntivo*	*Subjuntivo*	*Indicativo*
duermo duermes duerme duermen	duerma duermas duerma duerman	durmamos	dormimos *Participio* dormido
		Gerundio durmiendo	*Infinitivo* dormir (y las formas del futuro y del condicional)
		Imperfecto del subjuntivo durmiera, etc. durmiese, etc.	*Imperfecto del indicativo* dormía, etc.
		Pretérito durmió durmieron	*Pretérito* dormí dormiste dormimos

Cuadro 27: La diptongación y la cerrazón (modelo *dormir*)

Las irregularidades en la vocal radical

Presente de indicativo	Presente de subjuntivo
sal g o	sal g a
sal es	sal g as
sal e	sal g a
sal ímos	sal g amos
sal en	sal g an

Cuadro 28: El aumento velar /g/ (**modelo** *salir*)

/ue/ y /o/ → /u/: *morir* y *dormir* y sus compuestos, naturalmente.

Las irregularidades consonánticas

Existe un grupo de verbos en los que se añadió un sonido velar
/k/ o /g/ a la raíz si la vocal de la desinencia empieza con
/a/ u /o/. Este proceso tuvo lugar solamente en verbos de la
segunda y tercera conjugaciones. Estos verbos contienen sufijos
en /a/ en las formas del presente de subjuntivo, y el único en
/o/ es el de la primera persona del singular del presente de
indicativo. La consonante final de la radical determina la elección entre /g/ y /k/. Si la consonante en la radical es sonora se
le añadirá la /g/ sonora; si es sorda, la /k/ sorda (cuadros 28
y 29). En los casos de inserción de /k/, se sigue la misma pauta
fonética como en los casos de inserción de /g/. La consonante
final de los verbos en que ocurre la /k/ es /s/ en Hispanoamérica y /θ/ en la mayor parte de España.

La representación ortográfica de esta simple inserción velar
resulta algo complicada porque la letra *c* se pronuncia /s/

Presente del indicativo				Presente del subjuntivo			
konos-	k	o		konos-			s
			s		k	a	mos
kono θ-		e	mos	kono θ-			n
			n				

Cuadro 29: El aumento velar /k/ (**modelo** *conocer*)

FORMACIÓN VERBAL

Indicativo		Subjuntivo		
conoz	c o	conoz	c	a
conoc	es	conoz	c	as
conoc	e	conoz	c	a
conoc	emos	conoz	c	amos
conoc	en	conoz	c	an

Cuadro 30: La representación ortográfica del aumento velar /k/

(o /θ/) ante /e/, /i/ o se pronuncia /k/ ante /a/, /o/, /u/. Como resultado, se usará *c* como consonante final de la raíz *conoc* + *er* y además para representar la /k/ añadida. De ahí resultaría el *grupo -cc-* (*conoc + *c* + *a*) en las formas con terminaciones *-o, -a.* Ya que la *c* se pronuncia /k/ ante otra consonante, para evitar este problema se usa la *z*, que a su vez representa ortográficamente a la /s/ en la América española y a la /θ/ en España (cuadro 30).

A veces se habla de una *z* añadida, comparando estos verbos con verbos como *vencer* (*venzo, vences, vence,* etc.; *venza, venzas, venza,* etc.). Se trata, evidentemente, de casos distintos; en *conocer* hay una verdadera inserción de /k/. *Vencer* no es un verbo irregular; no se le añade ni se le cambia nada fonéticamente. En todo caso la alternancia de las letras *c* y *z* obedece a reglas puramente ortográficas.

Además de los aumentos velares /g/ y /k/, hay algunos verbos en los que aparece un aumento palatal. Este aumento puede realizarse por medio de la consonante /y/ siempre que esté en posición intervocálica; en otras posiciones, el aumento es /i/, vocal o semivocal. El aumento palatal se encuentra en algunos verbos de la tercera conjugación cuya raíz termina en /u/, como *huir, argüir, incluir.* Si la desinencia empieza con la vocal palatal /i/ no habría ningún aumento (porque se funden las dos /i/). De ahí que no exista ningún aumento en los tiempos pasados (*huía*), ni en el infinitivo (*huir*), o participio (*huido*), ya que la vocal temática /i/ tónica siempre ocupa esta posición. En el presente de subjuntivo, en cambio, la vocal temática /i/ se ha reemplazado por /a/ y por consiguiente el aumento palatal, /y/ en este caso, aparecerá en todas las formas del presente de subjuntivo por estar en posición intervocálica: *incluya, incluyas, inclu-*

Presente del indicativo	Presente del subjuntivo
o i g o	o i g a
o y es	o i g as
o y e	o i g a
o ímos	o i g amos
o y en	o i g an

Cuadro 31: El aumento palatal y velar

yamos, incluyan. En el presente de indicativo de los verbos de la tercera conjugación, la vocal temática /i/ solamente aparece como /i/ en la primera persona del plural, por consiguiente el aumento aparece en los demás casos: *incluyo, incluyes, incluye, incluyen,* pero *incluimos.* En algunas formas del pasado, también aparece el sonido palatal, /y/, pero en estos casos no se trata de un aumento palatal sino que se trata del resultado fonético de una /i/ intervocálica: *inclu + iendo > incluyendo, inclu + ió > incluyó, inclu + ieron > incluyeron, inclu + iera > incluyera.*

Hay tres verbos de uso muy común a los que se les agrega tanto el aumento velar como el palatal: *oír, caer* y *traer.* Los tres verbos toman el aumento velar, /g/, tal como se deduce de las reglas discutidas, es decir, en los tiempos presentes ante /o/ y /a/, pero solamente *oír* toma regularmente el aumento palatal, /y/ ~ /i/ por ser verbo de la tercera conjugación (cuadro 31). En *caer* y *traer,* en cambio, el aumento palatal aparece solamente en las formas con el aumento velar indicativo: *traigo, traes, trae,* etc.; subjuntivo: *traiga, traigas, traiga,* etc.

El último aumento que consideraremos es un aumento dental que se da en algunos verbos en los tiempos posteriores (futuro y condicional). Este aumento es siempre la dental sonora /d/ y ocurre después de /n/ en conjugación con la caída de la vocal temática: *pon + ¢ + d + ré > pondré.* (También hay verbos en que se suprime la vocal temática sin que haya aumento consonántico: *querer > querré, saber > sabré,* etc.)

FORMACIÓN VERBAL

EJERCICIOS

1. Analice las siguientes formas del verbo teniendo en cuenta los cuatro componentes: raíz, vocal temática, indicador de aspecto-tiempo, y por último, indicador de persona-número, si existe. No olvide que es posible que algunos morfemas se hayan fundido.

    Ejemplo: contábamos — *Cont, raíz; a, vocal temática, primera conjugación; ba, morfema indicador del imperfecto del indicativo, primera conjugación; mos, morfema de la primera persona del plural.*

(1) hablábamos	(8) protejo	(15) volvió
(2) comieron	(9) mantenemos	(16) llovido
(3) viviese	(10) quiere	(17) corriendo
(4) pegamos	(11) terminaba	(18) contar
(5) difieren	(12) saliera	(19) vives
(6) hablaron	(13) usásemos	(20) tocaste
(7) estudiabas	(14) comí	

2. Explique la forma de la vocal radical en las siguientes formas verbales según la regla de (1) diptongación o (2) cerrazón.

    Ejemplo: pidamos — *Se aplica la regla e → i si no sigue una /i/ tónica; en este caso la siguiente sílaba contiene /a/ y se efectúa el cambio.*

(1) pueden	(7) comieron	(13) pensamos
(2) volvieron	(8) durmieron	(14) dormido
(3) pedí	(9) pediré	(15) contaron
(4) cierro	(10) volviendo	(16) midamos
(5) volvimos	(11) podido	
(6) midió	(12) tiene	

3. Explique la formación de las siguientes formas compuestas.

    Ejemplo: habían vendido — *Hab, raíz del verbo "haber", indicador de un tiempo perfecto; i, vocal temática, segunda/tercera conjugación; a (en tercera posición), morfema del imperfecto del indicativo, segunda/tercera conjugación; n, tercera persona del plural; vend, raíz de "vender"; i, vocal temática de la segunda/tercera conjugación; do, morfema del participio.*

(1) acostaré	(6) escucharía
(2) hemos bañado	(7) hubo completado
(3) hubieras pintado	(8) contestaríamos
(4) habrían, vendido	(9) habré comido
(5) deslizarán	(10) habías sembrado

4. Explique las irregularidades consonánticas que ocurren en la conjugación de los siguientes verbos. Detalle el cambio fonológico y el contexto en el que ocurren.

Ejemplo: tener — *Inserción de /g/ ante /o, a/ en el presente del indicativo "tengo" y del subjuntivo "tenga". Raíz irregular en el pretérito, tuv-. Inserción de /d/ con elisión de la vocal temática en el futuro y condicional: tendr-.*

(1) salir	(3) conocer	(5) oír
(2) poner	(4) incluir	(6) traer

TEMAS DE DISCUSIÓN

1. ¿Cuáles son las diferencias entre morfema flexivo y morfema derivativo? Ejemplifique. ¿Tiene importancia esta clasificación en el nivel práctico de la enseñanza?

2. Compare, en términos generales, la conjugación del verbo en español con la del inglés. ¿Cuáles son algunas de las implicaciones pedagógicas generales?

3. ¿Cómo se indica formalmente el contraste entre los modos indicativo y subjuntivo? Compare este proceso con el que se usa en inglés.

4. Discuta el concepto de conjugación verbal y vocal temática. ¿Por qué causa la vocal temática tantos problemas al estudiante anglohablante?

5. ¿Cuáles son las implicaciones de la gran complejidad morfológica del pretérito en español de cara a su enseñanza en el aula de clase?

6. Compare la formación del futuro y del condicional en español con la de los tiempos correspondientes del inglés. ¿Cuáles serán los problemas de percepción que causan tales diferencias?

7. Discuta el concepto de verbo "irregular" en inglés y en español.

8. Si usted impartiera clases de inglés a hispanohablantes, ¿qué dificultades tendría al enseñarles los morfemas verbales *-s* y *-ed* del inglés?

capítulo 4
LA FORMACIÓN NOMINAL Y ADJETIVAL

La flexión numérica / La concordancia de número / El género / La morfología derivativa / El diminutivo y el aumentativo / La composición / La variación morfofonémica

La flexión numérica

En español y en inglés los sustantivos tienen flexión de NÚMERO para distinguir la forma plural de la singular. La forma del singular no tiene ninguna marca que lo caracterice; la del plural lleva un afijo: *mesa, mesas*. La marca de pluralidad tiene que ajustarse a ciertas restricciones fonológicas. En español el afijo /s/ marca la pluralidad de los sustantivos que terminan en vocal átona: *osos, tardes, casas*. Si el sustantivo termina en consonante hay que añadir una /e/ delante de la -s para evitar grupos consonánticos inaceptables: *pan + s > panes*.

Existen algunas excepciones a esta regla de inflexión de número. Las palabras que terminan en /-is/ tienen la misma forma en singular y en plural: *el análisis, los análisis*. Tampoco cambian los nombres de los días de la semana: *el lunes, los lunes*. (No se trata de una propiedad fonológica de /-es/, puesto que el plural de una palabra como *ciprés* es *cipreses*.) Las palabras que terminan en vocal tónica son en su mayoría préstamos de otros idiomas y generalmente se pluralizan con /-es/: *colibrí, colibríes*, sin embargo *café, cafés*.

El morfema de pluralidad del inglés es un sufijo muy parecido al del español pero participa de mayor variación fonológica.

El morfema básico para indicar pluralidad en inglés se escribe *s* (*dogs*) o *es* (*churches*) siguiendo ciertas reglas ortográficas, pero se pronuncia de varias maneras. Las palabras que terminan en vocal o en diptongo toman /z/ sonora directamente: *boy* > *boy*/z/. Esta práctica se observa claramente cuando el anglohablante tiende a pronunciar las palabras que terminan en vocal con /z/ de plural: *tarde/z/. Si la palabra termina en una consonante sonora, el morfema de pluralidad /z/ se agrega también salvo escasas excepciones directamente: *dog*/z/, *dad*/z/, etc. Los grupos consonánticos que resultan en inglés al añadir el morfema de plural /z/, como /-gz/, /-dz/, /-bz/, /-nz/, no existen en español, puesto que se separan con /e/: *red* > *redes, pan* > *panes*. Si la palabra inglesa termina en una consonante sorda, el morfema de pluralidad /z/ se ensordece ya que en inglés no puede haber grupos consonánticos como /-tz/, /-pz/, etc: *cat*/s/.

Estas reglas no interfieren en el español porque la mayoría de los sustantivos y adjetivos terminan en vocal. Los estudiantes, al principio de sus estudios de español, producen, a veces, formas como *mujer*[z], *papel*[z] por influencia del inglés, que permite esta clase de grupos consonánticos. En el caso de las llamadas sibilantes /s, z, š, ž, č, ǰ/, no se añade /z/ directamente a las palabras que terminan en estos fonemas porque obtendríamos como resultado grupos como /-sz/, que no existen en inglés. En estos casos hay que añadir la schwa [ə]: *pass* + /z/ > *pass*[əz]. Aunque el proceso de añadir una vocal para separar consonantes es semejante en los dos idiomas, tiene poco valor de transferencia para el estudiante de español, debido al número reducido de palabras españolas que terminan en sibilante en su forma singular: *mes* > *meses*.

La concordancia de número

Los modificadores del sustantivo tienen que CONCORDAR en cuanto a número con el sustantivo. Así, en una frase como *los primeros libros interesantes*, el morfema de pluralidad aparece cuatro veces, pero toda ocurrencia está regida por la decisión del hablante sobre la determinación del número del sustantivo, *libro(s)*. Si el hablante decide que el significado de lo que quiere comunicar requiere *libros* plural, automáticamente añadirá un morfema de pluralidad a los otros modificadores.

La formación de las formas plurales de los modificadores sigue las mismas reglas que los sustantivos. Los adjetivos que terminan en vocal toman /s/ directamente: *verde* > *verdes* igual que *cine* > *cines*. Si hay una consonante como fonema terminal, se agrega /e/ ante /s/: *azul* > *azules* igual que *cárcel* > *cárceles*. Se pluralizan los adjetivos (*grandes, bonitos, magníficos*, etc.), tanto en posición prenominal (*muchos amigos*) como posnominal (*amigos leales*), los artículos (*la* → *las; el* → *los; uno(a)* → *unos(as)*), los pronombres (*mi* → *mis*, etc.), los demostrativos (*este* → *estos*, con un cambio vocálico /e/ → /o/, pero *esta* → *estas*), etc. No se le agrega /s/ o /es/ a los numerales: *cuatro caballos*, con la excepción de *ciento* → *cientos, mil* → *miles, millón* → *millones*.

La concordancia de número se produce en inglés en un solo caso, el de los demostrativos: *this house/esta casa* → *these houses/estas casas* y *that house/esa casa* → *those houses/esas casas*. Pero aunque hay concordancia, desde el punto de vista fonológico no es regular: *this* /ðɪs/ → *these* /ðiz/, es decir, la vocal /ɪ/ se alarga, /i/, y la consonante final /s/ se sonoriza, /z/; *that* /ðæt/ → *those* /ðoz/, o sea, la vocal /æ/ cambia a /o/ y la consonante /t/ a /z/.

Este ejemplo de concordancia de número en inglés a veces ayuda a los principiantes a establecer el concepto de concordancia en general. Sin embargo, se hace en seguida evidente que el problema del estudiante no es entender cómo funciona la concordancia, cosa que suele aprender sin mayores dificultades; el problema es recordar a aplicar la regla de concordancia en su producción oral. Es decir, el estudiante sabe muy bien hacer la concordancia de número, pero se le olvida hacerla en su conversación. Creemos que concordar el modificador con el sustantivo depende más que otra cosa de la experiencia; mientras más oportunidades tenga el estudiante de expresarse en español, más rápidamente adquirirá los hábitos de la concordancia numérica.

El género

Por lo general, los sustantivos no llevan en español flexión para denotar GÉNERO. Por ejemplo, de *el árbol* no se puede derivar una forma femenina, **la árbola*. Para la mayoría de los sustantivos el género es inherente, es decir, el sustantivo es masculino o es femenino, sin posibilidades de cambio. Solamente en un grupo reducido de palabras que se refieren a seres humanos o a ciertos animales, existen pares diferenciadores para las llamadas formas masculinas y femeninas. La forma femenina termina siempre en /a/, mientras que la forma masculina varía. Las terminaciones masculinas más comunes son: /o/, /e/, /s/, /l/, /n/, /r/: *el inglés-la inglesa, el monje-la monja, el chico-la chica, el español-la española, el alemán-la alemana, el profesor-la profesora.*

Sin embargo, no debe de pensarse que todas las palabras que se refieren a seres humanos concuerdan en su asignación genérica con su sexo. *Gente* y *persona* son sustantivos femeninos aunque el referente sea de sexo masculino. En la mayoría de los nombres de animales, el género es inherente: *jirafa* es femenino y *elefante* es masculino.

En el caso de sustantivos cuyo género es inherente, surgen a veces problemas cuando la palabra se aplica a personas del otro sexo. Por ejemplo, con *el doctor* y *la doctora* no hay problema, pero ¿existe una palabra **clienta* que correspondiera con *cliente*? La palabra *estudiante* es masculino. Para referirnos a una señorita estudiante, ¿decimos *la estudiante* o **la estudianta*? Son casos que demuestran que la lengua está en evolución constante y sólo con el tiempo podremos juzgar lo que es aceptable para la mayoría de los hispanohablantes.

Aunque el género se asigna permanentemente al sustantivo, no afecta directamente a éste sino a sus modificadores: los artículos, los adjetivos y los pronombres. Es decir, el hecho de que una palabra como *leche* sea femenina cobra importancia solamente si queremos usarla con algún modificador: *la leche, buena leche,* etcétera. En general solamente los modificadores que terminan en /o/ tienen flexión en /a/ para hacer la concordancia genérica: *leche sabrosa, libro nuevo.* Los otros son invariables: *libro interesante, casa interesante, juego infantil, mesa infantil.*

En inglés, no existe ni el concepto gramatical de género ni la concordancia genérica. El género representa, pues, para el anglohablante, una complicación tremenda en la gramática del español. Hay dos puntos importantes que debemos considerar. En primer lugar, el estudiante tiene que entender los principios de la concordancia genérica entre sustantivo y modificador, lo cual, aunque no tiene correspondencia alguna en inglés, resulta una tarea relativamente fácil. Sin embargo, entender el concepto de concordancia genérica y aplicarla en la producción oral son dos cosas distintas. La aplicación implica que el estudiante sabe el género del sustantivo, y que su conocimiento de la lengua es lo suficientemente firme como para poder concentrarse en esta concordancia. La única solución para el segundo problema es el uso. La respuesta de los profesores y los libros de texto al problema de la asignación genérica ha sido muy débil. En la mayoría de los casos se hace notar que las palabras que terminan en /o/ son normalmente masculinas y las que terminan en /a/ son normalmente femeninas; la asignación genérica de los demás sustantivos tiene que memorizarse, según ellos.

Afortunadamente para el estudiante, la asignación genérica es más regular de lo que sugieren estas autoridades.[1] Como ya vimos, en el caso de palabras que tienen como referentes un ser humano, la asignación genérica concuerda bastante bien con el sexo del referente: *señor, profesora, ingeniero, directora*, etc. Para los demás sustantivos la asignación genérica se basa principalmente en el fonema terminal de la palabra misma. Ciertos fonemas terminales se asocian con el género masculino mientras que otros lo hacen con el femenino. Las terminaciones femeninas son /-a/, /-d/, /-is/, /ion/ y la letra *z*. Las masculinas son /o/, /e/, vocales tónicas y las demás consonantes. Hay excepciones a estas categorías, pero en algunos casos las excepciones forman subgrupos, lo que facilita su aprendizaje. Veamos algunos ejemplos en el cuadro 1.

Femeninas		Masculinas	
-a	mesa	-o	coro
-d	sed, ciudad	-e	parque
-is	crisis, hepatitis	-V́	café, rubí
-ión	nación, unión	-C	reloj, andén, revólver, papel
-z	vez, luz		

Cuadro 1: La asignación genérica

---

[1] Muchos de los datos que hemos utilizado en esta sección se tomaron del estudio de W. Bull (1968), *Spanish for Teachers*, Capítulo 8. Bull tabuló el género de casi 40.000 sustantivos. También puede consultarse J. Bergen, "A Simplified Approach for Teaching the Gender of Spanish Nouns" y "The Use of Gender Contrasts to Express Semantic Contrasts in Spanish" (los dos artículos aparecerán en *Hispania*).

Entre los sustantivos femeninos, los que terminan en -*a* sufren excepciones idiosincráticas, como: *día, mapa.* Generalmente, las palabras que terminan en -*ma* son de origen griego y son, por consiguiente, masculinas: *problema, clima, tema.* Un caso especial que ocasiona problemas es el grupo de palabras femeninas cuyo primer sonido es una /a/ tónica (a veces con una *h* ortográfica): *agua, área.* (Las palabras de este grupo no terminan necesariamente en /a/: *hambre.*) En este caso se usa el artículo masculino *el*, aunque no cambia la asignación genérica de la palabra: *el agua, las aguas, agua fría*, etc. Las palabras que terminan en /a/ son femeninas en el 98.9 % de los casos tabulados (consúltese Bull, 1965).

Las palabras que terminan en -*d* son femeninas (91 %). Había solamente 21 excepciones en el total tabulado y ninguna es una palabra que se encuentre en el léxico habitual de los principiantes. Las palabras que terminan en -*is* son femeninas (99 %); había 5 excepciones, entre las que debe de mencionarse *el análisis.* Las palabras que terminan en -*ción* o -*sión* son siempre femeninas. Las palabras que terminan en -*z* son en su mayoría femeninas: *luz, vez.* Entre las excepciones más comunes se encuentran *arroz, lápiz, pez.*

La asignación del género masculino es más problemática que la asignación del femenino. De las palabras que terminan en -*o* solamente 16 constituían excepciones a la asignación genérica masculina (99 %). De estas excepciones una es muy común, *la mano.* Algunas pueden surgir de la reducción, *la fotografía > la foto, la motocicleta > la moto.* Las palabras que terminan en vocal tónica son generalmente masculinas (aunque no tenemos datos específicos para esta categoría). Esta categoría incluye -*i* y -*u* tónicas, pero hay muy pocos ejemplos: *el colibrí, el maní.* Las palabras que terminan en consonantes, con la excepción de -*is*, -*ión*, -*d* y -*z*, son normalmente masculinas (97 %). Hay, claro está, ciertas excepciones muy comunes: *la flor, la razón, la sal, la piel, la cárcel, la miel.*

La categoría de palabras que terminan en -*e* es la más difícil por lo que respecta a la asignación de género. La mayoría son palabras masculinas (89 %); sin embargo, la lista de excepciones es grande, e incluye algunas palabras muy comunes: *la llave, la leche, la calle, la fiebre, la carne, la frase, la frente, la gente, la nieve, la noche, la nube, la parte, la sangre, la suerte, la tarde,* etcétera.

Así pues, vemos que no es necesario que el estudiante memorice el género de miles de palabras. Sin embargo, la tarea de asignar el género no es fácil, y la concordancia de género es uno de los procesos que necesita más práctica y, por lo general, no se domina bien hasta después de algunos años de experiencia.

Debemos recordar que, a menos que el género indique el sexo, los errores de género no causan problemas en la comunicación de información entre estudiante e hispanohablante y que la concordancia genérica es por tanto uno de los procesos de menor importancia en la enseñanza del español a nivel de principiantes.

La morfología derivativa

El español y el inglés tienen afijos de derivación, afijos cognados, muy parecidos porque los dos idiomas han adoptado numerosos afijos derivativos del latín y del griego. La lista que sigue ilustra la semejanza fonológica y semántica de algunos sufijos derivativos habituales en español y en inglés. [2]

Hay varios prefijos que funcionan de igual manera en los dos idiomas: **ad**mitir *(admit)*, **ante**cedente *(antecedent)*, **antí**doto *(antidote)*, **contra**decir *(contradict)*, **co**operar *(cooperate)*, **a**normal *(abnormal)*, **des**cubrir *(discover)*, **en**contrar *(encounter)*, **im**posible *(impossible)*, **pos**poner *(postpone)*, **pre**parar *(prepare)*, **sobre**humano *(superhuman)*, **sub**marino *(submarine)*.

Los sufijos son aún más comunes: *person**aje** (personage)*, *advers**ario** (adversary)*, *accid**ente** (accident)*, *panad**ero** (baker)*, *panad**ería** (bakery)*, *monum**ento** (monument)*, *orad**or** (orator)*, *fig**ura** (figure)*, *abund**ante** (abundant)*, *evid**ente** (evident)*. El conocimiento de afijos como los precedentes ayudará al estudiante a crear y usar muchas palabras nuevas en su producción oral y escrita.

La adquisición de este vocabulario es fácil para el principiante y su conocimiento le facilitará mucho el proceso de comprensión. La tarea del profesor se reduce a presentar estos prefijos y sufijos de una manera organizada para que el estudiante tenga la oportunidad de producir espontáneamente las nuevas formas.

---

[2] Los ejemplos se tomaron de Stockwell, Bowen y Martin (1965), páginas 55-63.

El diminutivo y el aumentativo

Los afijos llamados DIMINUTIVOS y AUMENTATIVOS existen tanto en inglés como en español, pero se usan mucho más en español que en inglés. Algunos ejemplos de diminutivos en inglés son *John, Johnny; cigar, cigarette; goose, gosling;* el aumentativo no existe.

En español las terminaciones indicadoras de diminutivo o aumentativo son muy usuales: *pajarito, pajarillo, pajarico, pajarín* (diminutivos afectivos); *pajaruelo, vejete, castillejo* (diminutivos despectivos); *hombrón, hombrote, hombrazo* (aumentativos). Los sufijos aumentativos generalmente conllevan una falta de afecto.

La complejidad semántica de los sufijos aumentativos y diminutivos varía de región a región. Solamente el estudiante avanzado podrá profundizar en el valor afectivo de estas formas a medida que aumenta su percepción del idioma español y de las culturas que lo usan.

La composición

Los procesos de COMPOSICIÓN no son en español tan comunes como en el inglés, pero tienen cierto interés. La estructura más común es verbo + sustantivo: *pasatiempo, matasanos, cortaplumas, salvavidas, abrelatas,* etc. En las formas que terminan en /s/ no hay distinción singular-plural en la forma: *el salvavidas, los salvavidas.* En inglés hay pocos ejemplos de este tipo de composición, *spendthrift;* más común es que el verbo siga al sustantivo, *eyedropper (cuentagotas).* Otra estructura en español es sustantivo más sustantivo: *madrepatria, bocacalle, arco iris.* También se da sustantivo más adjetivo, *pelirrojo,* con un cambio /o/ → /i/.

La variación morfofonémica

La derivación puede ser un simple proceso de intercambiar prefijos o sufijos con una raíz invariable, como en el caso de *abundar* → *abundancia* o *idea* → *ideal* → *idealismo.* Pero muchas veces con la derivación morfológica se producen también cambios en la estructura fonológica de la raíz de la palabra derivada. Estos cambios son generalmente restos modernos de cambios fonológicos de otras etapas en la historia del desarrollo de la lengua. Así alternan /t/ y /d/ en la derivación del sustantivo *necesidad* del verbo *necesitar*.

Estas alternancias, que llamamos MORFOFONOLÓGICAS, a veces son complicadas, lo que dificulta la tarea del estudiante. Normalmente estos procesos se adquieren de forma natural a medida que se adquieren las palabras que participan en las alternancias.

No sería posible, ni tampoco de gran utilidad, examinar todos los procesos morfofonológicos del español. Examinaremos los procesos de derivación de sustantivos en *-ión, -ción* y *-sión*, los cuales servirán de ejemplo. [3] Con estos tres afijos la combinación más productiva es: raíz + vocal temática + *-ción*. Entre los verbos de la primera conjugación hay centenares que forman un sustantivo derivado en *-ción: generar > generación; formar > formación; afirmar > afirmación*. Este proceso ocurre con menos frecuencia en verbos de la segunda y tercera conjugaciones: *abolir > abolición; definir > definición; perder > perdición* (con un cambio morfofonológico en la vocal temática que se cierra de /e/ a /i/). Son escasos los verbos que admiten sustantivación con vocal temática y además con alternancia de consonante. Un ejemplo es el caso de la /d/ que se ensordece a /t/ en: *saludar > salutación; nadar > natación; pedir > petición*, etc.

Podemos clasificar las otras posibilidades de sustantivación en tres categorías básicas. Veamos algunos ejemplos sin cambios consonantales (cuadro 2).

Los ejemplos que ilustran alternancia consonantal pueden clasificarse de acuerdo al tipo de alternancia. Veamos ejemplos de

Raíz	-ión	*Raíz*	-ción	*Raíz*	-sión
unir	unión	detener	detención	incluir	inclusión
rebelar	rebelión	intervenir	intervención	poseer	posesión
opinar	opinión	constituir	constitución	excluir	exclusión

Cuadro 2: La derivación nominal en *-ión*

---

[3] Adaptado de James Harris (1969), *Spanish Phonology*, capítulo 5.

sustantivación con -ción: (a) Asimilación nasal (/m/ > /n/): redimir > redención; presumir > presunción; consumir > consunción. Debido a que no hay ninguna vocal temática, la nasal /m/ queda al final de sílaba y por lo tanto se asimila al sonido dental que le sigue. (b) Asimilación de sonoridad (/b/ > /p/): recibir > recepción; percibir > percepción; prescribir > prescripción. El fonema /b/ de la raíz se encuentra a fin de sílaba y cuando se le añade directamente -ción el resultado es la asimilación de sonoridad, en este caso el ensordecimiento (/b/ > /p/). (c) Desaparición de consonante: absorber > absorción; contender > contención; ungir > unción. Los sonidos finales /b/, /d/ y /x/ desaparecen para evitar un grupo de tres consonantes (como -rbc) en el sustantivo resultante. (d) Formación de sustantivos con -cc- [ks] < -ción: (1) -c- /s/ o /θ/ > -c- /k/: producir > producción; traducir > traducción; satisfacer > satisfacción; (2) -g- /x/ > -c- /k/: proteger > protección; corregir > corrección; dirigir > dirección; (3) ø > -c- /k/: destruir > destrucción; instruir > instrucción; contraer > contracción. El verbo contiene /s/ (/θ/, castellano), /x/ o termina en vocal; el sustantivo siempre lo convierte en /k/.

Existe un buen número de verbos cuya radical termina en -t- que forman sustantivos terminados en -ción: editar > edición (-t- > -c-); redactar > redacción (-ct- > -cc-); adoptar > adopción (-pt- > -pc-); cantar > canción (-nt > -nc). En estos casos podríamos considerar el sufijo como -ción, con la pérdida de la -t- final, o bien podríamos considerar el sufijo como -ión con un cambio de -t- > -c-.

El mismo doble análisis puede encontrarse al formar sustantivos terminados en -sión con alternancias consonánticas: (a) -d- > -s-: dividir > división; evadir > evasión; conceder > concesión; (b) -t- > -s-: emitir > emisión; admitir > admisión; explotar > explosión; pervertir > perversión.

Nos hemos limitado a dar ejemplos de derivación sustantival con -ión, -ción y -sión. Surgen, sin embargo, más complicaciones si tomamos los sufijos de agente, -tor, -dor, -or, -sor y el sufijo adjetival -(t)ivo. En todo caso, la formación de sustantivos en -ción, -ión, -sión conlleva un sistema de alternancias consonantales muy complicado. El profesor puede facilitarle al alumno el aprendizaje de estos procesos si agrupa las palabras que sufren cambios semejantes presentando paralelismos donde existan, como por ejemplo con la asimilación nasal que el estudiante ya conoce.

EJERCICIOS

1. Señale la forma plural de las siguientes frases nominales.
   Ejemplo: la chaqueta nueva—*las chaquetas nuevas*

   (1) mi carro azul   (4) el maní cosechado
   (2) el lunes pasado   (5) el español principiante
   (3) el primer análisis encontrado (6) esta hindú religiosa

2. Señale la asignación genérica de las siguientes palabras. ¿Siguen las reglas de correspondencia entre asignación genérica y fonema terminal?
   Ejemplo: arroz—*Masculino. Es una excepción; las palabras terminadas en la letra "z" son normalmente femeninas.*

(1) metal	(8) mano	(15) mujer	(22) luz
(2) nariz	(9) estudiante	(16) tío	(23) miel
(3) espíritu	(10) agua	(17) norte	(24) mención
(4) jardín	(11) patriota	(18) actriz	(25) red
(5) bosque	(12) hombre	(19) jabalí	(26) nudista
(6) interés	(13) habitante	(20) poeta	(27) cosa
(7) alma	(14) gallo	(21) padre	(28) papel

3. Derive sustantivos y adjetivos de los siguientes verbos; ya que se trata de procesos de derivación, algunas formas no existen.
   Ejemplo: dividir—*división ($/d/ > /s/ + /ion/$)*
   　　　　　　　—*divisorio ($/d/ > /s/ + /or/ + /io/$)*

(1) dividir	(6) criticar	(11) interesar
(2) conservar	(7) producir	(12) servir
(3) saltar	(8) comenzar	(13) escapar
(4) tomar	(9) discutir	(14) resultar
(5) redimir	(10) consumir	

TEMAS DE DISCUSIÓN

1. Compare la pluralización en español y en inglés. ¿Será mayor la transferencia negativa o la positiva?

2. Prepare una lista de sustantivos que sean desconocidos para la mayoría de estudiantes. Con un estudiante principiante y uno intermedio, pida que le dé la forma plural. ¿Hay interferencias del inglés?

3. Haga una grabación de la conversación libre de estudiantes de tres niveles: principiantes, intermedios y avanzados. Calcule lo siguiente:

   A. el porcentaje de errores de concordancia de número (es decir, de todos los casos en que debe hacerse la concordancia de número, calcule el porcentaje de los errores de omisión);

   B. el porcentaje de errores de concordancia genérica.
   ¿Cuál de los dos procesos es más resistente a la adquisición? ¿Por qué?

4. ¿En qué puede servirle al profesor un conocimiento teórico de los procesos de derivación en español?

capítulo 5
LA FORMACIÓN PRONOMINAL

El sujeto de la oración / El complemento directo / El complemento indirecto / Los pronombres enfáticos y preposicionales / Los usos de *se*

En inglés y en español los sistemas pronominales son semejantes en tanto que ambos se basan en categorías gramaticales como CASO, NÚMERO y PERSONA. El término caso se refiere a funciones gramaticales como la del sujeto, complemento directo, complemento indirecto y complemento de preposición. El término número designa el contraste entre singular y plural. Definimos tres personas: la primera es siempre el que habla (*yo*), la segunda señala a la persona a quien se dirige el hablante (*tú*) y la tercera se refiere a la persona o cosa de que se habla (*él, ella*, etc.). Estas categorías funcionan de igual manera en inglés. En español existen, sin embargo, otras categorías que no funcionan de la misma manera en inglés: GÉNERO y FORMALIDAD. Hay dos categorías genéricas en español, masculino y femenino. Existe además la posibilidad de diferenciar entre los pronombres que denotan familiaridad y los que expresan respeto (*tú, usted*).

Examinaremos los sistemas pronominales del español y del inglés, tanto en su forma como en su función dentro de la oración. Aunque hay muchas semejanzas, el sistema se usa según nuestra experiencia de una manera tan inconsciente por parte del anglohablante, que la transferencia positiva del inglés al es-

ESPAÑOL				
	Singular		Plural	
	masculino	femenino	masculino	femenino
1ᵃ persona	yo		nosotros	nosotras
2ᵃ persona — Informal	tú (vos)		(vosotros)	(vosotras)
2ᵃ persona — Formal	usted		ustedes	
3ᵃ persona	él	ella	ellos	ellas

Cuadro 1: **Los pronombres personales del español**

pañol es mínima. Los problemas de la adquisición del sistema de español, en cambio, son considerables.

El sujeto de la oración

Comparemos primero el sistema formal de los pronombres personales que funcionan como sujeto de la oración. Estas formas pueden clasificarse según número, persona, género (en este caso equivalente a sexo natural) y formalidad (cuadros 1 y 2).

INGLÉS			
	Singular		Plural
	masculino	femenino	
1ᵃ persona	I		we
2ᵃ persona	you		you (all, guys)
3ᵃ persona	he	she	they

Cuadro 2: **Los pronombres personales del inglés**

La diferencia formal que más destaca es el contraste entre las formas respetuosas y las familiares de la segunda persona, *tú* (o *vos*) frente a *usted*. Aunque esta diferencia léxica ya no se emplea en el inglés moderno, puesto que se usa *you* con cualquier persona, sería un error creer que la distinción semántica de formalidad no se respeta. En inglés, como en cualquier idioma, hay distintas maneras de hablar que demuestran respeto y las hay que son de tono más familiar. El anglohablante sabe hablar de una manera respetuosa cuando así lo desea por medio de ciertas palabras respetuosas que implican un distanciamiento formal como *sir* o *ma'am*, y ciertos cambios de entonación u otros rasgos menos obvios. Sin embargo, al anglohablante le parece extraño que estas diferencias de formalidad se concentren en español en el uso de los pronombres distintos. A veces, los alumnos captan este hecho más fácilmente si se les recuerda que la distinción existía ya en inglés entre *thou* (pronombre familiar) y *you* (pronombre de respeto).

Además de la dificultad de establecer en la mente del anglohablante la distinción formal entre respeto y familiaridad, el problema se complica debido a los diversos usos que esta oposición tiene dentro del mismo mundo hispano. En ciertas regiones, la del Caribe, por ejemplo, el cambio de *usted* a *tú* se hace en poco tiempo después de que dos personas se conocen, mientras que en otras, Colombia y el Perú, por ejemplo, el uso de *tú* denota mucha más intimidad. El uso de *tú* y *usted* y sus plurales varía de familia a familia en cuanto al tratamiento entre padres e hijos. Sería difícil que nuestros alumnos manejaran bien los pronombres *tú* y *usted* estando fuera del medio cultural hispánico. Lo mejor que se puede esperar es que adquieran una base general para que cuando se encuentren en situaciones en que tienen que enfrentarse con el problema, puedan captar el uso que hace de los pronombres la gente con la que se relacionan.

La distinción entre *vos* y *tú* no es ni de respeto ni de familiaridad sino geográfica. Es más común el uso de *vos* como pronombre de familiaridad (en vez de *tú*) en la Argentina, Uruguay y Paraguay, en ciertas partes de Bolivia, Ecuador, Colombia, Venezuela y en gran parte de la América Central exceptuando Panamá. En el resto de Hispanoamérica se prefiere el uso de *tú*, como pronombre familiar.

Para el pronombre de segunda persona del plural, en Hispanoamérica no se diferencia entre familiaridad y respeto, usando *ustedes* en los dos casos. En España, en cambio, se emplea *vosotros, -as* para familiaridad y *ustedes* para indicar respeto.

En el inglés escrito no hay distinción formal entre *you* singular y *you* plural; sin embargo en el habla familiar se usan varias formas para denotar pluralidad, como *you guys*, usada en muchas partes de los Estados Unidos, sobre todo en el medio-oeste y el oeste, y *you-all*, usada en el sur. Estas formas ya no conservan su significado original, es decir, *you guys* ya no es exclusivamente masculino y se usa tanto entre mujeres como entre hombres. En el sur de los Estados Unidos *you-all* ya no significa *all of you* sino simplemente *you* plural. Por el uso tan extendido de estas formas plurales, será relativamente simple que el anglohablante adquiera el concepto de forma plural de la segunda persona.

Los pronombres personales de la tercera persona del singular tienen equivalentes en los dos idiomas: *él/he, ella/she*. En español se conserva la distinción de sexo en el plural: *ellos, ellas,* mientras que en inglés se pierde: *they* para los dos sexos. Lo mismo ocurre con la primera persona del plural, que en español tiene dos formas: *nosotros, nosotras* (y en la segunda persona del plural: *vosotros, vosotras* en España).

En inglés existe un pronombre *it* que sirve en el singular para especificar entidades que no sean seres humanos. En el plural el inglés no distingue entre sujetos personales e impersonales: *they*. Los pronombres *it* y *they* como sujetos impersonales no tienen equivalentes formales en español (cuadro 3). Veamos un ejemplo: *Él es atractivo, He is attractive; Ella es atractiva, She*

	Singular		Plural	
	Forma personal	*Forma impersonal*	*Forma personal*	*Forma impersonal*
Inglés	he, she	it	they	they
Español	él, ella	ø	ellos, ellas	ø

Cuadro 3: Formas personales e impersonales

ESPAÑOL				
	Singular		Plural	
	masculino	*femenino*	*masculino*	*femenino*
1ª persona	me		nos	
2ª persona — Informal	te		(os)	
2ª persona — Formal	lo	la	los	las
3ª persona	lo	la	los	las
Impersonal	lo	la	los	las

Cuadro 4: El complemento directo en español

is attractive; Es atractivo, -a, It is attractive; Ellos son atractivos, -as, They are attractive (personas); *Son atractivos, -as, They are attractive* (cosas).

Los dos idiomas distinguen los pronombres personales de los impersonales si funcionan como sujeto: el español por omisión y el inglés con una forma distinta, *it* en el singular. El anglohablante tiene dificultad porque siente necesidad de representar formalmente el *it* o *they* de inglés. En las formas del plural, en inglés no se hace ninguna distinción entre pronombres de sujeto personales e impersonales, usándose *they* en todos los casos. En español no hay formas impersonales, ni en singular ni en plural, que funcionen como sujeto.

Además de las diferencias formales entre los pronombres de sujeto en inglés y en español, hay una diferencia sintáctica que causa problemas al principiante. En español, si se sabe por el contexto de la oración de qué sujeto se habla, resulta innecesario expresar este sujeto por medio de un pronombre. Esta ausencia de sujeto pronominal no se permite en inglés. Compárese, por ejemplo, *Siempre como allí* con *I always eat there.* Además, la presencia de un pronombre en español puede indicar a veces que el hablante ha querido darle énfasis, *Yo siempre como allí.* El anglohablante tiende a usar los pronombres indi-

INGLÉS			
	Singular		Plural
	masculino	femenino	
1ª persona	me		us
2ª persona	you		you (all, guys)
3ª persona	him	her	them
Impersonal	it		them

Cuadro 5: El complemento directo en inglés

cadores de sujeto con exceso, dando una impresión de repetición y un tono excesivamente enfático a la oración.

El complemento directo

En los cuadros 4 y 5 comparamos las formas de los pronombres con función de complemento directo.

Los pronombres que funcionan como complemento directo son relativamente simples cuando se refieren a la primera y a la segunda persona: *Juan me (te, nos) vio*. En el caso de *usted, ustedes* hay que distinguir según número y sexo: *Juan lo (la, los, las) vio ayer en el jardín*. Para la tercera persona hay dos posibilidades semánticas. Si se trata de seres humanos (o animales bien conocidos) la forma del pronombre usado corresponde al sexo: *Yo lo (la, los, las) vi ayer (a Juan, a María, a Juan y a María, y a María y a Elena* respectivamente).[1] Si se trata de animales, plantas y objetos la forma concuerda con el género gramatical: *Yo lo (la, los, las) vi ayer (el libro, la bicicleta, los diccionarios, y las plantas,* respectivamente). Por lo que respecta a la forma no hay diferencia entre el pronombre personal y el im-

---

[1] En España muchos prefieren usar *le* en vez de *lo* si el referente es masculino y humano: *¿A Juan? Sí, le vi ayer.*

	2ª persona		3ª persona	
	informal	*formal*	*personal*	*impersonal*
Español	te	←	lo, la	→
Inglés	you		him, her	it

Cuadro 6: Segunda y tercera personas del singular, complemento directo

personal. Por estas razones, los pronombres de la tercera persona cumplen varias funciones sin cambiar de forma y no presentan los contrastes (2ª/3ª personas, personal/impersonal) que se mantienen formalmente en inglés (cuadro 6). Así pues, en un nivel formal, la distinción genérica y de número son las únicas que se mantienen en español. El anglohablante tiene problemas tanto conceptuales como prácticos para entender cómo puede funcionar un sistema que elimina, en un nivel formal, los contrastes que él considera, por su sistema, necesarios.

Al comparar las formas del singular y del plural del inglés (cuadro 7) notamos que las distinciones semánticas que se mantienen formalmente en el singular se pierden en el plural. Esta pérdida formal de contrastes es, hasta cierto punto, semejante a la ausencia de ellos, ilustrada en el penúltimo cuadro, que nos ofrece el español. Debemos resaltar que señalarle esto al estudiante le ayuda a veces a comprender cómo un sistema sin contrastes formales puede funcionar semánticamente de una manera clara. Así, en los dos casos de reducción formal (*they* en inglés y *lo, la* en español), la distinción personal-impersonal se clarifica por el contexto de la oración en la conversación.

		Singular	*Plural*
Personal	Masculino	him	
	Femenino	her	them
Impersonal		it	

Cuadro 7: La tercera persona como complemento, en inglés

LA FORMACIÓN PRONOMINAL

Los procesos sintácticos que se relacionan con la formación de pronombres de complemento directo son los que describen la relación gramatical y semántica que existe entre pares de oraciones como *Compré el diccionario* y *Lo compré*. En el caso de la tercera persona, el proceso, que llamaremos "pronominalización", consta de dos partes: primero se suprime el sustantivo, dejando el artículo definido, y luego se antepone el artículo al verbo: *Vi la montaña* > *La vi*. Si el verbo tiene la forma del infinitivo o del gerundio, el pronombre puede quedarse en posición postverbal: *Quiero comer el taco* > *Quiero comerlo* (con el cambio morfológico *el* > *lo*). *Estábamos vendiendo la casa* > *Estábamos vendiéndola*. El proceso correspondiente del inglés es, esencialmente, la substitución del pronombre correspondiente: *I see the girl* > *I see her; I climbed the mountains* > *I climbed them*. Aunque la diferencia entre los dos procesos de pronominalización no parezca muy notoria, la experiencia ha demostrado que los anglohablantes tienen mucha dificultad para acostumbrarse a anteponer el pronombre al verbo.

En cuanto a los pronombres de la segunda o de la primera personas, en ninguno de los dos idiomas puede hablarse de un proceso de pronominalización en el mismo sentido de que lo hacemos con los complementos de la tercera persona, porque no hay ninguna palabra o frase nominal de la que se pueda derivar oraciones como *Juan me (te, nos) vio*. Con frecuencia el profesor no-nativo se equivoca proponiendo oraciones hipotéticas con frases preposicionales como origen de la oración deseada: *Juan me vio* < **Juan vio a mí*. Las frases preposicionales que sirven como explicación o como énfasis no equivalen semánticamente a las oraciones que tienen solamente un complemento directo; es decir, *Juan me vio* no corresponde semánticamente a la oración incorrecta **Juan vio a mí* ni tampoco a la correcta *Juan me vio a mí*. Para evitar confusiones es mejor que las prácticas para aprender los procesos de pronominalización en que se usa la tercera persona se separen de los ejercicios con la primera y la segunda personas.

El complemento directo en español se coloca generalmente después del verbo: *Vi a María*. Si queremos darle énfasis al complemento directo, lo colocamos delante del verbo, lo que exige que se reduplique por medio del pronombre correspondiente: *A María la vi ayer; Las cartas se las di a Juan*. No hay correspondencia en inglés para esta reduplicación enfática.

Pronombres complemento directo	me	te	nos	lo	la	los	las
Pronombres complemento indirecto	me	te	nos	le	le	les	les

Cuadro 8: El complemento directo e indirecto

	Singular			Plural	
Inglés	him	her	you	them	you (you guys)
Español	le			les	

Cuadro 9: El complemento indirecto en español e inglés

El complemento indirecto

Las formas del complemento directo en español son muy semejantes a las del complemento indirecto (cuadro 8). La diferenciación formal entre complemento directo e indirecto se hace únicamente en la tercera persona. Las distinciones formales de género (y por lo tanto de sexo) se pierden: *lo, la* > *le* y *los, las* > *les*. En inglés en cambio se mantienen (cuadro 9). Esta reducción sistemática de contrastes formales es particularmente difícil para el anglohablante, que busca siempre una correspondencia directa en inglés de *le* y *les*.

El complemento indirecto normalmente va acompañado en la oración de un complemento directo:

La posición del pronombre que representa el complemento indirecto es preverbal igual que en el caso de los pronombres de complemento directo. El proceso mismo de pronominalización del complemento indirecto no es precisamente de substitución o derivación. *Me escribieron una carta* no equivale a **Escribieron una carta a mí*, como tampoco derivamos *Le escribí* de **Escribí a él*. Un término más descriptivo para el proceso es REDUPLICACIÓN puesto que el pronombre reduplica la información del com-

LA FORMACIÓN PRONOMINAL

plemento indirecto en vez de reemplazarla: *Les escribí una carta a mis tíos* o *A mis tíos les escribí una carta.* En este ejemplo *les* representa la reduplicación del complemento indirecto *a mis tíos.* Si el hablante considera que la información transmitida por el pronombre mismo es suficiente, puede suprimir el complemento indirecto dejando el pronombre: *Ya les escribí una carta (a mis tíos).* La reduplicación del complemento indirecto es además la forma normativa: *Escribí una carta a mis tíos* no es muy aceptable sin el pronombre *les.*

En inglés la pronominalización del complemento indirecto es un proceso de substitución, igual que en el caso del complemento directo. Así, de una oración como *I gave the book to Martha,* se puede derivar *I gave the book to her.* Esta relación directa es la fuente de muchos errores por parte de nuestros estudiantes, que producen pares de oraciones como **Di el libro a María > *Di el libro a ella.* En ninguno de los dos casos es la oración aceptable. A veces hasta el profesor se equivoca en el afán de hacer buenos ejercicios y produce pares de oraciones como: **Di el libro a María > Le di el libro* siguiendo tal vez el modelo de los ejercicios usados al enseñar el complemento directo: *Tengo el libro > Lo tengo.* (**Di el libro a María* no es aceptable sin la reduplicación del pronombre *le*). Por consiguiente, si queremos que nuestros alumnos produzcan oraciones con el complemento indirecto usado correctamente, es necesario que les enseñemos el proceso de pronominalización tal como es, es decir, la reduplicación del complemento indirecto y no su substitución. Después de aprender la base del uso del pronombre reduplicativo se puede entrar en los detalles de cómo y cuándo se suprime el complemento indirecto: *Le di el libro*; o de cuándo se emplea una frase preposicional explicativa: *Le di el libro a ella.*

En las oraciones que tienen complemento indirecto también por lo general hay un complemento directo y el hablante quiere a veces pronominalizar los dos complementos. En este caso el pronombre complemento indirecto siempre precede al complemento directo según la fórmula siguiente:

COMPLEMENTO INDIRECTO	VERBO	COMPLEMENTO DIRECTO	COMPLEMENTO INDIRECTO	COMPLEMENTO DIRECTO	VERBO
Me	*regalaron*	*unos zapatos* >	*Me*	*los*	*regalaron.*

Si el complemento indirecto es de la tercera persona, bien sea el singular (*le*) o el plural (*les*), se transforma en *se*: *Se lo rega-*

lamos a María (a Juan, a nuestros padres, etc.). Este cambio formal no tiene correspondencia en inglés. El estudiante anglohablante tiende a confudir el *se* complemento indirecto con el *se* reflexivo, del que hablaremos más adelante. Al enseñar las combinaciones *me lo, se la, nos los,* etc. surgen muchos problemas. En inglés los complementos siguen al verbo — primero el complemento directo y después el indirecto precedido por preposición (*to* o *for*): *I explained the problem to Martha.* Si se pronominalizan en inglés los dos complementos, se substituyen los pronombres correspondientes: *I explained it to her.* Bajo ciertas condiciones se puede cambiar el orden de los complementos: *He gave the money to me* > *He gave me the money.* En la oración resultante el complemento indirecto precede al directo, al igual que en español. Sin embargo, si con esta oración pronominalizamos además el complemento directo el resultado no es gramatical: **He gave me it.* Las secuencias **me it, *you it,* etc. que no se permiten en inglés son precisamente las correctas del español: *me lo, se lo,* etc.

Además de los problemas morfológicos y sintácticos que surgen al enseñar la pronominalización del complemento indirecto existen serios problemas semánticos. Según Stockwell, Bowen y Martin (1965), páginas 192-94, sería más adecuado el término "adverbio de interés" puesto que el complemento indirecto representa por lo general a la persona afectada. No hay que olvidar que el complemento indirecto en español abarca muchas situaciones en las que el anglohablante hace uso de diversas preposiciones:

Me dio los libros.	*She gave the books to me.*
Me cambió los libros.	*She changed the books for ∼ on me.*
Me quitó los libros.	*She took the books from me.*
Me ganó los libros.	*She won the books off ∼ for me.*
Me arregló los libros.	*She arranged the books for me.*

Las complicaciones del sistema de los complementos pronominales en español originan una estrategia de reducción y enorme simplificación por parte de los principiantes. La estrategia principal es la omisión de los pronombres llevada al máximo: **Yo no (lo) tengo, *Sí, yo (la) vi, *Sí, yo (lo) conozco, *Yo (los) puse en la cocina* cuando la omisión no se realiza en inglés. Es también frecuente usar ciertas formas en posición postverbal

— igual que en inglés: *El dio a mí mucha información secreta, *Su papá invitó me, (¿Cuánto te costó?), *Costa me $300.

Los pronombres enfáticos y preposicionales

La ausencia de acento prosódico que enfatice los pronombres del complemento directo e indirecto crea la necesidad de una nueva serie de pronombres, semánticamente redundantes, cuyo propósito es precisamente dar énfasis y, en algunos casos, aclarar el significado de los pronombres ya usados en la oración. La serie de pronombres que podríamos llamar "auxiliares" y que van precedidos por la preposición *a* se agregan a la oración; nunca sustituyen a los pronombres objeto directo/indirecto propiamente dichos: *Le escribí una carta a ella; La veo a ella pero no a él.* Las formas son las mismas que se usan en función de sujeto, salvo dos excepciones en la primera y segunda personas (cuadro 10). Las formas se usan después de la mayoría de las preposiciones: *Lo hicieron para (por, detrás de, etc.) mí.*

En inglés no hay más que dos formas pronominales —la del sujeto y la del complemento. Son las formas del complemento las que se usan con preposiciones: *I want to go with her (him, them, etc.).* Sin embargo, este hecho no causa normalmente ninguna interferencia en el sistema español. El estudiante tiende a utilizar el pronombre que aprendió primero (en este caso es el del sujeto), que además resulta ser casi siempre la forma correcta.

Los usos de "se"

Cuando el referente del sujeto y el del complemento (sea directo, indirecto, o preposicional) son dos personas distintas, la pronominalización se realiza de la manera ya discutida: *Juan vio a*

Pronombre sujeto	yo	tú	usted, ustedes	él, ellos	ella, ellas	nosotros, nosotras
Pronombre preposicional	mí	ti				

Cuadro 10: El complemento preposicional en español

Pedro > Juan lo vio. En el caso de que el referente del complemento sea el mismo que el del sujeto, resulta necesario el empleo del pronombre REFLEXIVO. Así, *Juan vio a Juan* no es una oración aceptable a menos que se trate de dos personas distintas con el nombre de Juan.

En español no hay distinción formal entre los pronombres reflexivos y los no reflexivos por lo que respecta a *me, te* y *nos: Yo me levanté* (reflexivo) y *Juan me levantó* (no reflexivo). En los demás casos se usa el pronombre *se: Juan se levantó* (reflexivo); *Juan lo levantó* (*a Carlos*—no reflexivo). La pérdida de distinciones formales (*lo, la, los, las*) no tiene mayor importancia puesto que el sujeto y el complemento coinciden, y por lo tanto se tiene suficiente información, como en el caso de la oración *Juan se afeita*, para saber que el pronombre *se* tiene como antecedente a un ser masculino y singular que es el sujeto *Juan.*

Veamos en el cuadro 11 una comparación de las formas reflexivas del español con las no reflexivas.

Pronombres de complemento directo

No reflexivos	me	te	nos	lo	la	los	las
Reflexivos	me	te	nos	se			

Pronombres de complemento indirecto

No reflexivos	me	te	nos	le	les
Reflexivos	me	te	nos	se	

Pronombres de complemento preposicional

No reflexivos	mí	ti	nosotros	usted	ustedes	él	ella	ellos	ellas
Reflexivos	mí mismo	ti mismo	nosotros mismos	←————————— sí mismo —————————→					

Cuadro 11: La reflexividad en español

No reflexivo	me	you	us	him	her	them
Posesivo	my	your	our	his	her	their
Reflexivo	myself	yourself	ourselves	himself	herself	themselves

Cuadro 12: La reflexividad en inglés

En inglés el pronombre reflexivo se forma añadiendo el pronombre *self* (uno mismo) a una base pronominal, que es unas veces la forma del complemento directo y otras veces la forma posesiva. Comparemos los tres paradigmas del inglés (cuadro 12). El anglohablante está acostumbrado a una innecesaria redundancia en una oración como *John washed himself* o *Mary washed herself*. Pero a pesar de que el sistema español es formalmente más simple, le parecerá más difícil al estudiante porque ha de dejar a un lado las distinciones del inglés a las que ya está acostumbrado.

Teóricamente el proceso de reflexivización sintáctica es el mismo en inglés y en español, es decir, cuando el referente del complemento es idéntico al del sujeto se emplea una forma reflexiva: *Juan* **se** *miró = Juan looked at* **himself.** Sin embargo, en la práctica son bastante diferentes. En muchos casos, en inglés, la reflexivización semántica se indica por la ausencia de pronombre. Compárese *I woke him up (lo desperté)* con *I woke up (me desperté)*. Otras veces cambia el verbo: *I gave him a bath (yo lo bañé); I took a bath (me bañé)*. Así pues, la reflexividad en español requiere siempre un pronombre reflexivo mientras que en inglés la estructura resultante es variable.

En español hay otras construcciones que requieren el paradigma reflexivo (*me, te, nos, se*) que no son semánticamente reflexivas. Estas oraciones ocasionan numerosas dificultades a los anglohablantes.

El verbo en forma plural con el pronombre reflexivo puede denotar reciprocidad: *Se abrazaron (el uno al otro)*. La diferencia entre el uso reflexivo y el recíproco se deduce en español del contexto de la oración. Cuando decimos *Se miraron* puede ser que una persona mire a otra y viceversa o bien que cada una se mire a sí misma. Esta ambigüedad no existe en inglés porque el pronombre recíproco es *each other*, distinto del pronombre reflexivo -self: *They looked at themselves* no puede confundirse con *They looked at each other.*

Suele causar otra dificultad el uso de *se* como complemento indirecto. Recordemos que *se* reemplaza a *le* o *les* si les sigue otro pronombre que empiece por *l*, y por tanto las combinaciones lógicas de **le(s) lo, *le(s) los, *le(s) la, *le(s) las* se convierten en *se lo, se los, se la, se las* respectivamente: *No se lo dieron* (*a Juan, a María*, etc.). Este cambio puede producir, sin embargo, una ambigüedad. En la oración *Juan se lo puso*, tomada fuera de contexto, no sabemos si se lo puso a sí mismo o si se lo puso a otra persona ya que *se* puede ser complemento indirecto reflexivo o no reflexivo. El pronombre *se* no reflexivo puede representar a varios antecedentes y de ello resulta que la correspondencia con el inglés sea complicada: *Se lo puso = He put it on himself, He put it on him, He put it on her, He put it on it, He put it on them,* o *He put it on you.*

Además de estas funciones, *se* (y el resto del paradigma: *me, te, nos*) se usan con ciertos verbos con una función diferente. El pronombre parece ser una parte inherente al verbo; sin el pronombre reflexivo no existe: *Se quedó allí una hora; Se quejaron de tanto trabajo.*

Hay otra clase de verbos que llevan o no *se*, según el significado deseado: *Dormí seis horas, Ya se durmió; ¿Quién los casó?, Se casó el mes pasado; Fueron a México, ¿Para dónde se fueron?* En ninguno de los casos podemos hablar de significado verdaderamente reflexivo, como podemos comprobar con la frase enfática reflexiva *a sí mismo*, que con estos verbos origina unas oraciones inaceptables: **María se casó a sí misma; *Me fui a mí mismo.*

La situación se complica al considerar otras clases de verbos cuyo significado básico acepta una interpretación reflexiva con *se*, y otra no-reflexiva, también con *se*. La diferencia entre estos dos últimos significados se comprueba igualmente usando la frase *a sí mismo: Examinaron al niño debido a los síntomas de tifus; Se examinó (a sí mismo) debido a los síntomas de tifus; Se examinó en matemáticas y en física.* Otros verbos de este tipo son *establecer, alegrar, divertir, aburrir.*

Otro uso muy común de *se* distinto de los mencionados anteriormente aparece en la tercera persona —singular o plural—

representando un agente indefinido: [2] *Se abrió la tienda temprano; Se vivía bien allí; Se habla francés en Montreal.* En estos casos las entidades mencionadas (en este caso *la tienda* o *francés*) constituye el objeto de la acción llevada a cabo por un agente implícito pero indefinido. Si podemos considerar al objeto semántico como sujeto gramatical de la oración, habrá concordancia entre el verbo y el sujeto: [3] *Los juegos se organizaron con rapidez; Se vendieron muchos discos ayer; Se mandaron dos tazas de café a la habitación.* En los ejemplos anteriores la entidad aludida es el sujeto gramatical y se mantiene la concordancia entre sujeto y verbo. El significado de esta clase de oraciones parece indicar igualmente que algo se hace sin poner especial atención en un agente. En inglés se usa en estos casos, además de la construcción pasiva regular, *The games were organized rapidly*, una construcción con el verbo auxiliar *got: The games got organized rapidly.*

Aludimos finalmente a los casos en que el hablante quiere mencionar al agente sin afirmar directamente que es responsable de la acción. En estos casos el hablante usará el *se* indefinido más la entidad como sujeto gramatical más el agente "interesado" como complemento indirecto: *Se me olvidaron los libros; Se le cayeron las gafas.* En inglés la construcción más parecida

---

[2] Estos usos de *se* se han llamado el *se*-pasivo, el *se*-indefinido, o el *se*-impersonal. Aquí los tratamos como si fueran iguales aunque en realidad hay en algunos casos diferencias de matiz semántico.

[3] Esta concordancia varía mucho. Algunos hablantes no establecen la concordancia y consideran la frase nominal como objeto de la oración: *Se encendió las luces.* Otros encuentran esta falta de concordancia gramaticalmente inaceptable. Cuando se hace énfasis en el objeto antepuesto, el verbo va por lo general en singular: *A las luces se las encendió a eso de las cinco.* En caso de que el objeto sea un ser humano se puede evitar la ambigüedad que resultaría de la concordancia gramatical: *Se cuida a los enfermos* ≠ *Se cuidan los enfermos.* Pero el asunto es aún más complicado. Si decimos *Se cuida a los enfermos con los últimos adelantos* no hay ambigüedad. Alguien cuida a los enfermos. Si, por el contrario, decimos *Se cuidan enfermos*, también se expresa la misma idea, es decir, alguien se ocupa de ellos. En cambio, en la oración *Se cuidan los enfermos* el pronombre *se* que tiene aquí un significado recíproco, no deja de lado tampoco la posibilidad de que alguien no-enfermo también los cuide. Estas complicaciones nos llevan más allá de las posibilidades de este texto.

semánticamente emplea *got: The books got lost; The glasses got broken.*

Vemos de nuevo que los sistemas son tan distintos, tanto en forma como en función, que la transferencia del inglés al español es mínima. Los errores que se producen sobre todo son causados más que nada por reducción y simplificación del sistema español por parte del estudiante, omitiendo generalmente el pronombre: **Una ciudad que llama San Marino.* Sin embargo, hemos notado que en algunos estudiantes, una vez que aprenden el uso de *se*, lo quieren extender a veces a contextos no reflexivos, es decir, generalizan el uso como si fuera opcional en cualquier contexto y se producen así ejemplos inaceptables como los siguientes: **Me comprendo mucho español, *Me leo mucho.*

EJERCICIOS

1. Considere los siguientes pares de palabras. Explique de una manera sistemática cuándo no es exacta la correspondencia, es decir, ¿cuál es el terreno semántico que abarca cada pronombre?

    Ejemplo: lo, you—*"Lo" abarca muchas más posibilidades semánticas que "you". "Lo" se traduce por "you" sólo si se habla con una persona de sexo masculino (singular) con un lenguaje formal, por ejemplo, "A usted lo vi caminando por la calle". Pero "lo" también puede corresponder al inglés "him" y "it". También debe notarse que "you" puede ser singular o plural.*

(1) lo, him	(6) lo, it	(11) nos, us
(2) te, you	(7) la, her	(12) la, you
(3) los, you	(8) se, himself	(13) la, it
(4) mí, me	(9) se, him	(14) se, themselves
(5) él, he	(10) las, them	(15) lo, you

2. Explíquele a un principiante la función de los pronombres en las siguientes frases.

Ejemplo: **Le** di el libro a Silvia—*"Le", pronombre objeto de interés que reduplica a Silvia, equivale a "to her" en inglés.*

(1) Yo no **los** veo.
(2) A **mí** no **me** lo dieron.
(3) ¿Quién **te** lo explicó?
(4) ¿A Elsa **la** voy a ver mañana?
(5) ¿El trabajo? No **lo** terminaré nunca.
(6) ¿**Se** lo regalaron a Isidro?
(7) No **se** miraron durante un instante.
(8) Aquí **se** cuida bien a los enfermos.
(9) En esta parte del país no **se** hablan muchos idiomas extranjeros.
(10) Los discos **se** rompieron.

TEMAS DE DISCUSIÓN

1. ¿Qué dificultades se encuentran para enseñar los equivalentes del pronombre de la segunda persona *(you)* en español? ¿Qué relación tiene esto con la cultura hispánica?

2. Discuta los problemas que podrían surgir en oraciones con *it* en inglés.

3. ¿Cómo se construyen ejercicios para enseñar los:
   A. pronombres directos?
   B. pronombres indirectos?

4. Compare la función de los pronombres reflexivos del español con los del inglés.

5. Discuta la función semántica del pronombre objeto indirecto en español y en inglés.

6. Discuta la función del pronombre reflexivo en español comparándolo con el del inglés.

7. ¿Cuáles son las dificultades que surgen al enseñar la serie *lo, la, los, las* a los anglohablantes?

8. ¿Por qué tiene dificultades el anglohablante para diferenciar *le* de *lo*?

9. Haga una grabación de estudiantes en conversación libre. ¿Cómo evitan el uso de los pronombres? ¿Cuál es el error más común en lo que respecta a los pronombres?

10. ¿Considera usted más importante una forma correcta o usar la forma en la posición correcta dentro de la oración?

11. Haga una lista de los errores que cometen los estudiantes al usar los pronombres. Presénteselos a varios hablantes nativos de español, pidiendo una interpretación aproximada de lo que quiso decir el estudiante. ¿Qué tipo de errores es más grave? ¿Qué implicaciones tiene todo ello para la enseñanza?

Sección tercera
FORMACIÓN DE LA ORACIÓN

Introducción

La fonología y la morfología, que hemos visto en algún detalle, son partes más bien automáticas de la lengua porque uno tiene que dominar la pronunciación y la formación de palabras de una manera más o menos automática para poder hablar con relativa facilidad. Por eso la fonología y la morfología constituyen solamente una base hacia una meta más amplia como es la comunicación con los demás. La comunicación de ideas y pensamientos es lo más importante en el aprendizaje de un idioma extranjero; también es la parte más compleja.

Además de tener una función comunicativa, una lengua es también una forma especial de representar las normas de una cultura. Para comunicarnos con otros es necesario imponer sobre los elementos de nuestro mundo, sobre nuestra realidad, una organización y una clasificación lingüísticas. La realidad en que viven diferentes grupos culturales es semejante o idéntica en muchos casos, pero la organización y clasificación lingüísticas impuestas por las lenguas varían considerablemente. En algunos casos la realidad misma es distinta; así pues, no se trata solamente de enseñar correspondencias lingüísticas sino de presentar el significado de acontecimientos o entidades nuevos.

La organización lingüística puede enfocarse de diversas maneras. Un sistema que nos parece útil (en Stockwell, Bowen y Martin, 1965, páginas 282-91) destaca las diferencias entre dos idiomas en términos de presencia o ausencia de reglas o categorías lingüísticas. Hay cuatro clasificaciones que merecen nuestra atención (el sistema clarificatorio puede aplicarse a cualquier idioma, pero nosotros lo usaremos específicamente para el español y el inglés):

1. La ausencia de una regla o categoría lingüística en inglés corresponde a la presencia de una regla o categoría lingüística en español. En este caso el estudiante tiene que enfrentarse con elementos completamente nuevos.

2. Una categoría lingüística o regla del inglés equivale a dos o más reglas del español. En este caso, el estudiante tiene que aprender a aplicar el criterio que le ayude a dividir la categoría lingüística en español.

3. Una regla o categoría lingüística del inglés no tiene equivalente en español. Cuando esto sucede, el estudiante tiene que abandonar sus tradiciones lingüísticas.

4. Dos o más categorías lingüísticas o reglas del inglés corresponden a una sola categoría del español. El estudiante tiene que abandonar las distinciones a que está acostumbrado cuando habla inglés y no trasladarlas al español.

El tema central de esta sección lo constituyen las relaciones semántico-sintácticas. Son tres los capítulos. El primero, del léxico, trata propiamente de la semántica comparada, aunque debe de considerarse solamente como una introducción a esta materia. Los otros dos versan sobre los temas que a nuestro juicio causan más problemas en los primeros años del aprendizaje del español: la función de los tiempos verbales y los modos indicativo y subjuntivo. Trataremos de indicar cómo se aplica el esquema clasificatorio en cada sección.

Hay otros temas importantes que hemos tenido que dejar para no alargar demasiado la presentación: las preposiciones, la formación de oraciones complejas, la composición en la frase nominal y verbal y algunos otros que pueden investigarse en las fuentes indicadas en la guía bibliográfica.

Guía bibliográfica

Son dos los textos más importantes para una extensión inmediata del estudio de la sintaxis y la semántica: Bull (1965), *Spanish for Teachers* y Stockwell, Bowen y Martin (1965), *The Grammatical Structures of English and Spanish*. El texto para consultas de gramática escrito en inglés y más usado es el de M. Ramsey y R. Spaulding (1965), *A Textbook of Modern Spanish*. Existen textos escritos en español que nosotros consideramos muy útiles: el nuevo *Esbozo de una nueva gramática de la lengua española* elaborada por la Comisión de Gramática de la Real Academia Española (1973) y el manual de Samuel Gili Gaya (1961), *Curso superior de sintaxis española*.

Como la escuela generativo-transformacional es la que predomina en estos momentos, les recomendamos a los interesados una guía muy sólida, aunque introductoria, como es la de S. Elgin y J. Grinder (1973), *Guide to Transformational Grammar: History, Theory, Practice*. Además hay tres volúmenes que aplican la teoría transformacional al español. R. Hadlich (1971) fue el primero en hacerlo en *A Transformational Grammar of Spanish*. M. Goldin (1968) aplica la versión teórica de C. Fillmore llamada "la gramática de casos", en *Spanish Case and Function*. Francis Aid (1973) aborda la teoría semántica en *Semantic Structures in Spanish*.

Para la discusión del léxico en el capítulo seis, nos hemos basado principalmente en las nociones elaboradas por Stockwell, Bowen y Martin (1965), en *The Grammatical Structures of English and Spanish*, capítulo 11.

En nuestro análisis de la función semántica de los tiempos verbales seguimos principalmente el sistema (muy simplificado) de Bull en su *Spanish for Teachers* (1965), que se reelabora en *Time, Tense, and the Verb* (1968). El análisis del subjuntivo se basa en las investigaciones de Joan Hooper y T. Terrell, que pueden consultarse en "A Semantically Based Analysis of Mood in Spanish" (1974) y en Terrell (1976), "Assertion and Presupposition in Spanish". También recomendamos el artículo de D. Bolinger (1968), "Postponed Main Phrases: An English Rule for the Romance Subjunctive".

capítulo 6
EL LÉXICO: DIFERENCIAS SEMÁNTICAS

El significado total de una palabra / *Ser* y *estar* /
La enseñanza de vocabulario

El significado total de una palabra

Lo primero que tiene que hacer el estudiante de una lengua extranjera es aprender un vocabulario mínimo. El estudiante supone que el vocabulario del español clasifica las realidades del mundo hispánico de acuerdo con las normas establecidas por su propio idioma y esta àctitud se ve reforzada por el hecho de que las primeras palabras que el estudiante aprende en español tienen correspondencias casi exactas con palabras del inglés. Pero la realidad es que esas primeras correspondencias no son más que excepciones; en general, la mayor parte del léxico no tiene correspondencia exacta en dos idiomas cualesquiera. Veamos por qué.

El significado de una palabra es la suma de las DENOTACIONES, CONNOTACIONES y USOS CIRCUNSTANCIALES de dicha palabra. Definiremos uno por uno estos términos.

Consideremos primero el nivel denotativo, es decir, el significado básico. El valor denotativo es el que se encuentra en los diccionarios y es además el valor más fácil de enseñar y de aprender. Pocos profesores dejan de mencionar las diferencias más sobresalientes en el nivel de denotación de un término. Por ejemplo, para la palabra inglesa *corner*, existen dos términos en español, *esquina* y *rincón.* La realidad objetiva es igual para el hispanohablante y el anglohablante; la distinción entre *un rincón* y *una esquina* existe tanto para los que hablan inglés como para los que hablan español. La diferencia reside en que el sistema lingüístico del español exige una diferencia formal (usando dos palabras) mientras que en inglés los dos conceptos se distinguen por el contexto del uso.

Los términos más comunes en una lengua determinada son a veces los más difíciles de comprender a fondo, a causa de su amplio y variado nivel de denotación. Uno de los ejemplos más difíciles para el hispanohablante es el verbo *get, got* que tiene una gran escala denotativa. El significado varía de acuerdo con el contexto (Stockwell, Bowen y Martin, 1965, 269-81): *He* **got** *to school early* (**Llegó** *a la escuela temprano); He* **got** *the letter* (**Recibió** *la carta); He* **got** *the book for his sister* (**Consiguió** *el libro para su hermana); He* **got** *the measles (Le* **dio** *el sarampión); He* **got** *sad* (**Se entristeció**).

La escala denotativa de un término puede variar también según las distintas normas culturales. La palabra *minister* en inglés puede ser un miembro del ministerio de gobernación *(Prime Minister)* pero normalmente se usa para referirse a un pastor protestante. En español un cura protestante es un *pastor* y la palabra *ministro* es solamente un término político.

Hasta en palabras comunes como *work (trabajo)* puede haber diferencias (Stockwell, Bowen y Martin, 1965, 271-72): *He went out to look for* **work** *(Salió a buscar* **trabajo***); This is de Falla's last* **work** *(Esta es la última* **obra** *de de Falla); They are out of* **work** *(No tienen* **empleo***. No tienen* **qué hacer***); She gave the students some* **work** *(Ella les dio* **tarea** *a los estudiantes).* En los ejemplos anteriores se emplea la palabra *work* en singular. Si la cambiamos al plural, resultan nuevas denotaciones: *They went to see the* **works** *(Fueron a ver* **el mecanismo, la fábrica, el movimiento, el Ministerio de Obras Públicas***).*

Las connotaciones de una palabra dependen directamente del medio ambiente en el que se emplea. Por ejemplo, no hay diferencias denotativas entre *Christmas* y *Navidad* pero las connotaciones que adquiere cada hablante son muy diferentes por las diferencias culturales y religiosas. En los términos *finca* y *farm* aparecen aspectos de la historia de dos culturas, y las connotaciones varían según el sistema económico que queda implícito en los términos. El valor connotativo de un término puede variar también dentro de una zona lingüística por razones culturales e históricas específicas. El término *elecciones*, aunque de valor denotativo parecido para todos los hispanohablantes, varía mucho en un nivel connotativo según las diferentes experiencias del ciudadano que vive con distintos sistemas políticos.

La escala circunstancial de una palabra o de una expresión se refiere a la correlación que existe entre el uso de éstas en una situación dada y su significado denotativo y connotativo. Por ejemplo, *alegre* equivale a *happy* (más o menos adecuadamente) en cuanto a sus denotaciones y connotaciones. Pero en la oración *We are quite happy here*, vemos que normalmente esta idea se suele expresar con *Estamos contentos aquí*. Son frecuentes las expresiones que tienen significados semejantes en los dos idiomas, pero no se emplean en las mismas circunstancias; por ejemplo, *con permiso* no equivale a *with your permission* sino a *excuse me* en su uso normal en las dos culturas.

Ser y estar

El ejemplo que mejor ilustra los problemas de correspondencias del vocabulario del inglés y del español es el uso de *ser* y *estar*. Estos verbos representan dos categorías lingüísticas del español frente a una sola categoría del inglés. Así pues, el alumno tiene que aprender los criterios que usa el hispanohablante para distinguir los usos de estos dos verbos. Aunque los factores semánticos y gramaticales que determinan la selección entre *ser* o *estar* existen tanto en la realidad del anglohablante como en la del hispanohablante, la distinción léxica no existe en inglés y el estudiante tiene serias dificultades en su selección.

El uso de *ser* y *estar* se basa en factores gramaticales y semánticos. *Ser* sirve de unión entre el sujeto y frases nominales; *estar* no se usa con esta función.

> *Juan* **es médico** (sustantivo simple).
> *Lo que usted vio allí* **es el modelo que se vende tanto** (cláusula sustantiva).
> *Aquí* **es donde la vi** (cláusula adverbial con función sustantiva).

En cambio, *estar* puede usarse con el gerundio para formar los tiempos durativos del verbo: *Juan está estudiando*. *Ser* no se usa así.

Acontecimiento	ser	Adverbio de tiempo
el baile la conferencia el partido	fue es será	a las seis mañana el domingo

Cuadro 1: El verbo copulativo más un adverbio de tiempo

Con frases adverbiales que funcionan como complemento del verbo, puede usarse *ser* o *estar*. La diferencia está en la clasificación semántica del sujeto. Si el referente del sujeto de la oración es un acontecimiento, se usará *ser*, generalmente con un adverbio de tiempo (cuadro 1).

Si se trata de adverbios de lugar que pueden relacionarse con acontecimientos o con entidades, *ser* se usa con los acontecimientos y *estar* con las entidades (cuadro 2).

El caso más frecuente es usar *ser* y *estar* con un participio o con un adjetivo. La semántica determinará la elección del verbo. El verbo *ser* más participio indica una ACCIÓN o un suceso mientras que el verbo *estar* indica el ESTADO resultante de la acción: *La ciudad* **fue** *destruida* (acción); *La ciudad* **estaba** *destruida* (resultado de la acción).

El participio seguido de la preposición *por*, indicadora del agente de la acción o del agente responsable de la continuación de un estado, llevará *ser* en el primer caso (la llamada voz pasiva) y *estar* en el segundo: *El cuadro* **fue** *pintado* **por** *Goya* (acción); **Estaban** *rodeados* **por** *las tropas* (continuación de un estado). De ahí que el verbo *estar* se use con el participio para indicar el resultado de cualquier cambio, tanto si su causa es un agente externo como si es un agente interno a la persona misma: **Estaba** *asustada* < *la asustaron;* **Estaba** *sonrojado* < *se sonrojó.*

Acontecimiento	Entidad
El partido **será** allí. El desayuno **será** en el comedor.	El teatro **está** aquí. Lo que vamos a comer **está** en el comedor.

Cuadro 2: El verbo copulativo más un adverbio de lugar

Estar funciona con el adjetivo de la misma manera que con el participio. El adjetivo que acompaña a *estar* puede indicar el resultado de una acción o un cambio de estado: **Está** *alegre* < *Se ha alegrado;* **Está** *verde* < *Se ha puesto verde;* **Está** *rico* < *Se ha enriquecido;* **Está** *muerto* < *Se ha muerto. Ser,* en cambio, se usa con adjetivos para representar normas. Las entidades que parecen no sufrir cambio se describen con *ser* y las que sufren cambio se describen con *estar: Dios* **es** *bueno, El hielo* **es** *frío, Los desiertos* **son** *secos* (entidades que parecen no sufrir cambio). Como toda entidad sufre cambios, al menos teóricamente, la mayoría de las entidades pueden describirse con *ser* o *estar* según lo que el hablante quiera expresar: **ser**—*María* **es** *bonita, Juan* **es** *gordo* (características de Juan y María); **estar**—*¡Qué fea* **está** *María hoy! ¡Qué delgado* **está** *Juan ahora!* (cambios que han sufrido Juan y María).

La enseñanza de vocabulario

En un libro de texto para la enseñanza del español a anglohablantes publicado recientemente, se le advertía al estudiante que, a pesar de que su inclinación natural era aplicar la mayor parte de sus esfuerzos al aprendizaje de vocabulario, la realidad venía a demostrar que lo correcto es, precisamente, lo contrario: la adquisición del vocabulario, según el autor, es la parte menos importante en la adquisición y el aprendizaje de un segundo idioma. [1] Esta posición tan absurda aparece en muchos de los textos aunque a veces no anunciada tan claramente, y está presente en el pensamiento de muchos profesores y maestros de lengua, quienes encuentran difícil pensar en otra cosa que no sea la estructura del idioma que enseñan. Así, si se le pregunta a uno de estos maestros qué es lo que enseña en el primer año de estudios de un idioma nuevo, su respuesta vendrá dada casi siempre en términos gramaticales: "Les enseño la conjugación de verbos, la distinción entre *ser* y *estar*, la concordancia de número y de género en la frase nominal, etc.". Se oyen muy pocas respuestas en términos semánticos: "Les enseño a mis estudiantes a describir y relatar sus actividades de un día normal

---

[1] Para un punto de vista algo diferente del tradicional, consúltese el artículo de D. Bolinger (1970) "Getting the Words In," *American Speech.*

en su vida, a adquirir información personal de un hablante que no conocen, a describir sus planes para el futuro, etc.".

En la introducción afirmábamos que un curso de idioma debe de organizarse principalmente alrededor del contenido semántico que se quiere enseñar. O sea, deben de determinarse los campos semánticos que le serán más útiles al estudiante en el uso del idioma que estudia, y a partir de ello debe planificar la presentación tanto del vocabulario como de las estructuras necesarias. Esta es la estrategia usada por el niño al aprender su idioma nativo o al aprender uno nuevo, y también la que usa el adulto que se encuentra en un ambiente en que tiene que aprender otro idioma. En todos estos casos, lo básico y lo primario es la adquisición de un vocabulario mínimo. La estructura se aprende después de que el hablante sepa ya bastantes palabras para que pueda de esta forma tener alguna utilidad.

Uno de los resultados de despreciar el aprendizaje de palabras en favor de estructuras se observa en el orden de presentación del vocabulario y sus estructuras asociadas. Casi siempre se presenta primero una estructura nueva con un vocabulario mínimo, se practica mucho la estructura con este vocabulario reducido, con la idea de que cuando el estudiante aprenda más palabras deberá usarlas con esta estructura ya estudiada. Por ejemplo, una de las estructuras más básicas es la del verbo en sus formas de persona y número. A estas formas les conceden tanta importancia algunos profesores y libros de texto, que se lanzan a enseñarlas antes de que el estudiante sepa suficientes palabras como para que esta estructura le pueda ser de alguna utilidad. Nosotros preferimos enseñar el vocabulario verbal en una sola forma, que en el caso del español nos parece que la más útil es la tercera persona del singular, y seguir adquiriendo el significado de otros verbos hasta que los estudiantes sientan en su habla la necesidad de otras formas, por la sencilla razón de que quieren decir otras cosas que requieren otras formas verbales. Es decir, nosotros no enseñamos un paradigma simplemente porque este paradigma existe, sino porque lo exigen las necesidades semánticas del estudiante en su habla. Así pues, como regla general, enseñamos primero el vocabulario y después la estructura. De esta manera el estudiante no aprende estructuras sin aplicación inmediata en su habla.

La relación entre el léxico de un idioma y sus reglas gramaticales es complicada tanto en la teoría como en la práctica. Sin embargo, a pesar de que este texto pone el énfasis en los aspectos lingüísticos, y muchos profesores lo hacen en cuestiones de estructura, es más probable que en la ardua tarea de adquirir la habilidad para entender otro idioma y para expresarse con él, tenga mucha más importancia la adquisición del léxico.[2]

EJERCICIOS

1. Explique las diferencias en los valores denotativos de los siguientes pares de palabras.

   Ejemplo: papel/ paper—*Ambos términos coinciden en la idea de una hoja de papel sobre la cual se escribe; pero en español, puede representarse un papel, que en inglés sería "play" a role; además, en inglés "paper" es también un periódico.*

   (1) abrigo/ overcoat   (4) fábrica/ factory
   (2) tarjeta/ card   (5) pared/ wall
   (3) espeso/ thick   (6) lavamanos/ sink

2. En la siguiente lista de palabras semejantes (a veces llamadas "cognadas"), explique las diferencias en valor denotativo.

   Ejemplo: embarazada/ embarrassed—*La palabra "embarazada" en inglés es "pregnant"; "embarrassed" en español es "avergonzado".*

   (1) fresco/ fresh   (4) realizar/ realize
   (2) apreciar/ appreciate (5) denunciar/ denounce
   (3) intervenir/ intervene (6) efectuar/ effect

3. Explique las diferencias culturales que ocasionan las diferencias connotativas en los siguientes pares de palabras.

   Ejemplo: siesta/ nap—*Una "siesta" se toma a cierta hora del día, normalmente después de una comida gran-*

---

[2] Para más discusión consúltese T. Terrell (1977), "A Natural Approach to Second Language Acquisition and Learning," *Modern Language Journal.*

de y durante las horas calurosas. Con "nap" se refiere a cualquier rato pasado durmiendo.

(1) reja/ window bars
(2) criada/ servant
(3) esposa/ wife

(4) iglesia/ church
(5) almacén/ department store
(6) perro/ dog

4. Explique el uso de *ser* o *estar* en los siguientes ejemplos.
   Ejemplo: La mamá está enferma.—*Se usa "estar" con el adjetivo enferma para indicar el resultado de un cambio. Antes estaba bien, algo le pasó y ahora está enferma.*

   (1) El libro de Cervantes está bien escrito.
   (2) Las *Novelas ejemplares* fueron publicadas en 1613.
   (3) La puerta de tu casa es roja y está abierta.
   (4) ¿Qué hora es?
   (5) La reunión será a las cinco en la sala que está a la derecha.
   (6) ¿Se preguntaría Hamlet "ser o no ser" o "estar o no estar"?
   (7) Somos mejicanos y estamos en la Argentina.
   (8) Esta es la casa donde fue el crimen.

5. Dé ejemplos de expresiones en español cuya escala circunstancial difiera de la de la traducción inglesa.

TEMAS DE DISCUSIÓN

1. De los tres factores que integran el significado total de una palabra (significado connotativo, significado denotativo y escala circunstancial), ¿cuál considera usted más importante para los estudiantes principiantes?

2. ¿Cómo pueden enseñarse las connotaciones de un término en el aula?

3. Analice el empleo de *do* y *make* en inglés. Compare esta correspondencia (*do, make = hacer*) con la de *ser* y *estar* y el inglés *be*.

4. Discuta la importancia de la adquisición del vocabulario relativo a la adquisición de la gramática en varios niveles: principiantes, intermedios, avanzados.

5. Al enseñar el uso de *ser* y *estar* en español, ¿tienen más importancia los factores estructurales (gramaticales) o los semánticos? Justifique su selección.

6. Considere el proceso de enseñanza de los morfemas de persona-número en las formas verbales del español. Tomemos dos métodos. Uno consiste en enseñar las cinco (o seis) formas del presente del indicativo con unos cinco a diez verbos; más adelante se aprenden otros verbos, a los cuales podrían aplicarse las reglas de formación verbal. El segundo método consiste en aprender el significado de unos cincuenta verbos en la forma de la tercera persona del presente del indicativo (habla, corre, come, vive, duerme, etc.); después se aprende a generar las otras formas de persona y número. Discuta las ventajas y desventajas de cada método. ¿Cuál de los dos métodos es más usual en los libros de texto que usted conoce? ¿Qué método le parece más interesante desde el punto de vista del estudiante?

7. Consideremos el caso de un estudiante que sabe doscientos sustantivos pero no tiene idea de su género gramatical, mientras que otro estudiante sabe solamente cincuenta palabras pero que sabe su género al dedillo. ¿Cuál de las dos posibilidades es más ventajosa para el estudiante? ¿Por qué?

8. Un estudiante va a vivir en un país de habla española dentro de un mes y usted tiene que enseñarle todo lo que pueda en este período. ¿En qué haría hincapié: en la estructura o en el vocabulario? ¿Por qué? ¿Qué campos semánticos considera usted más importantes? ¿Qué estructuras gramaticales?

capítulo 7
LOS TIEMPOS VERBALES

Terminología básica / Los tiempos durativos / Los
tiempos perfectos / El presente / El futuro y el
condicional / El pretérito y el imperfecto / Verbos
de suceso / Verbos de estado

Terminología básica

En el presente capítulo examinaremos con detalle el funcionamiento semántico del sistema temporal del verbo en español haciendo algunas comparaciones con el del inglés. Como vimos en
el capítulo tres, los componentes formales de la frase verbal
en los dos idiomas son semejantes; constan de un verbo principal más una variedad de verbos auxiliares, *habla, está hablando,
ha hablado, había estado hablando,* etc. El uso de sufijos, *habl +
aste, talk + ed* y de verbos auxiliares, *ha hablado, has spoken,*
constituye la manera de representar lo que tradicionalmente
llamamos TIEMPOS del verbo: presente, futuro, pasado, imperfecto, etc. Veremos que los conceptos semánticos que forman la
base de los tiempos verbales también son muy semejantes en los
dos idiomas. Ambos sistemas se basan principalmente en tres
nociones semánticas: (1) la orientación TEMPORAL (presente, pasado); (2) la orientación ORDENATIVA (anterior, simultáneo, posterior); (3) la orientación ASPECTUAL (iniciativa, intermedia, ter-
minativa). A continuación trataremos de delinear las semejanzas
y las diferencias entre los sistemas del español y del inglés. La
discusión se orientará hacia el tipo de errores comunes que se

Cuadro 1: Tiempo y ordenación de sucesos

cometen a causa de las dificultades en aprender el sistema semántico-verbal del español.

Por lo general el acto de hablar le da un PUNTO DE ORIENTACIÓN al hablante para colocarse en el tiempo respecto a la información que le quiere indicar al oyente. Los sucesos en la vida pueden ordenarse de la siguiente manera: (1) los anteriores al acto de hablar; (2) los simultáneos con el acto de hablar; (3) los posteriores al acto de hablar (cuadro 1).

Ejemplos de sucesos anteriores al presente son **Llamaron** *a las seis; Ya lo* **he hecho;** *Lo* **preparaba** *cuando* **llamaste,** etc. Ejemplos de sucesos simultáneos con el presente son **Trabaja** *en una fábrica;* **Estoy comiendo; Quiere venir** *con nosotros,* etc. Ejemplos de sucesos posteriores al presente son *Ya te lo* **diré;** *Cuando* **se levante, iremos; Vamos a estar** *con ustedes mañana,* etc.

De los ejemplos anteriores se deduce que, aunque la ordenación de sucesos desempeñe un papel importante en el sistema verbal, hay también otros factores que sirven para delimitar la función de los tiempos verbales. Por ejemplo el suceso mismo puede enfocarse desde tres puntos de vista: principio, intermedio y fin. En la frase *Llamé a María a las nueve* sabemos que la llamada comenzó a las nueve. Si decimos *Juan se levantó de la mesa,* afirmamos que el acto fue iniciado y completado en un momento dado. Si decimos *Juan se levantaba de la mesa cuando llamaron a la puerta,* enfocamos la acción de levantarse en su transcurso, sin preocuparnos ni interesarnos por el principio o el final de la misma. Los términos técnicos empleados son (1) aspecto INICIATIVO, (2) aspecto IMPERFECTIVO, (3) aspecto TERMINATIVO; los aspectos iniciativo y terminativo se agrupan bajo el término PERFECTIVO.

Cuadro 2: Los tiempos verbales del español

	Tiempos simples		Tiempos perfectos	
	No durativos	Durativos	No durativos	Durativos
Indicativo:				
Presente	habla	está hablando	ha hablado	ha estado hablando
Futuro	hablará	estará hablando	habrá hablado	habrá estado hablando
Imperfecto	hablaba	estaba hablando	había hablado	había estado hablando
Condicional (Potencial)	hablaría	estaría hablando	habría hablado	habría estado hablando
Pretérito	habló	estuvo hablando	hubo hablado	hubo estado hablando
Subjuntivo:				
Presente	hable	esté hablando	haya hablado	haya estado hablando
Imperfecto	hablara hablase	estuviera hablando estuviese hablando	hubiera hablado hubiese hablado	hubiera estado hablando hubiese estado hablando

Cuadro 3: Los tiempos verbales del inglés

	Tiempos simples		Tiempos perfectos	
	No durativos	*Durativos*	*No durativos*	*Durativos*
Presente de indicativo	speak(s)	is speaking	has spoken	has been speaking
Presente de subjuntivo	speak	be speaking	have spoken	have been speaking
Pasado	spoke	was speaking	had spoken	had been speaking
Futuro	will speak	will be speaking	will have spoken	will have been speaking
Condicional	would speak	would be speaking	would have spoken	would have been speaking

Otra clasificación que resulta útil es el contraste entre un suceso único y una serie de sucesos repetidos. Por ejemplo, si decimos *Juan trabaja en una fábrica,* se supone que se trata de una acción repetida, habitual. En cambio si decimos *Ayer Juan comió una manzana,* se trata de un suceso que tuvo lugar una vez sin repetición. El término que usamos para expresar repetición o acción habitual es el de aspecto ITERATIVO.

En los cuadros 2 y 3 presentamos una clasificación de las formas verbales según la terminología que emplearemos en este texto. Es una terminología más o menos tradicional, pero algo simplificada.

Los tiempos durativos

El uso de los TIEMPOS DURATIVOS se restringe, tanto en inglés como en español, a los verbos indicadores de SUCESO (*saltar, entrar, comer, hablar, correr,* etc.). Los verbos indicadores de ESTADO (*querer, tener, poder, sentir,* etc.) normalmente no se emplean en forma durativa. Por eso, una oración como *Estoy teniendo un dolor de estómago resulta inaceptable así como su versión inglesa *I'm having a stomachache si no se usa metafóricamente o en broma.

La función semántica de las formas durativas del español es básicamente igual a la función de estas mismas formas en inglés, aunque su uso difiere en los dos idiomas en algunos detalles. Las formas durativas se usan por regla general cuando el hablante quiere dar énfasis al aspecto imperfectivo de un SUCESO ÚNICO: *Estoy comiendo una ensalada.* La forma durativa no se usa, por lo general, con el aspecto iterativo: *Estoy comiendo una ensalada todos los días (últimamente, cada semana). Puede emplearse con sucesos iterativos si se habla de un período restringido o si se quiere demostrar un cambio: *Últimamente estoy comiendo mucho.* En estos casos se pretende enfocar la acción iterativa como un solo suceso: *Ahora está tomando clases en el Politécnico.*

Otro factor que se debe considerar en el uso de la forma durativa es el énfasis en el desarrollo de la acción, es decir, lo que llamamos el aspecto imperfectivo del verbo: *Ahora está cenando.* Esta función, la normal para estos tiempos, tiene equivalencia en inglés: *He's eating now.*

En inglés, la forma durativa también se emplea para sucesos únicos con enfoque imperfectivo pero puede usarse para representar además otras funciones como por ejemplo un suceso anticipado y planeado. El anglohablante dirá *I'm leaving for Burgos at six*, que equivale a *Salgo para Burgos a las seis*, donde no se usa la forma durativa en español. Esta misma función puede darse en inglés en el pasado: *I thought that we were leaving at six*, que en español se expresa también con la forma simple del verbo, *Pensaba que salíamos a las seis*. La trasferencia del uso de la forma durativa del inglés para expresar acciones futuras ocasiona muchos errores: *Estamos jugando al fútbol mañana (= *We're playing football tomorrow*).

Otras diferencias en el uso de los tiempos durativos en español y en inglés las veremos cuando estudiemos con más detalle cada tiempo verbal. Como regla general, el estudiante debe restringir su uso de las formas durativas en español a dar énfasis al aspecto IMPERFECTIVO de un suceso ÚNICO y no usarlas en otros casos como acción iterativa (*I'm working* [= *Trabajo*] *every day*) o en el caso de un suceso anticipado (*I'm flying* [= *Vuelo*] *tomorrow to Santa Fe*).

Los tiempos perfectos

Los TIEMPOS PERFECTOS se usan en español y en inglés cuando el hablante quiere dar énfasis al hecho de que un suceso o estado se ha iniciado o terminado con ANTERIORIDAD a algún punto de referencia. Por lo general, el suceso mismo es relevante de una manera u otra respecto a otros sucesos que se relacionan con ese punto de referencia. Por ejemplo, en la oración *Carmen ya ha estudiado y ahora estamos por salir*, el hecho de estudiar que ocurrió anterior al momento presente (*ahora*) tiene relevancia para el presente (*estamos por salir*). Lo mismo sucede en el pasado, *Carmen ya había estudiado y por eso pudimos salir*. En el caso del futuro, el suceso se habrá completado antes de un momento anticipado: *Carmen ya habrá estudiado antes de que lleguemos*. El uso del condicional es paralelo al del futuro, pero la anticipación surge del pasado y no del presente: *Carmen me dijo que ya habría estudiado antes de que llegáramos*.

Hay tiempos perfectos durativos que combinan las características de ambas modificaciones de tiempo. Cuando el hablante quiere darle énfasis al aspecto imperfectivo de un suceso único iniciado o terminado con anterioridad a un punto de referencia usará estas combinaciones: *Había estado estudiando español cuando por fin decidí salir.* Salvo algunas excepciones de menos importancia, la función semántica de los tiempos perfectos es igual en los dos idiomas.

El presente

La forma simple del PRESENTE en español se usa tanto para representar un solo suceso como para expresar una acción habitual o iterativa. La diferencia semántica se clarifica por medio del contexto de la frase: *¿Qué estudias? Estudio derecho* (acción habitual, iterativa); *¿Qué estudias? Estudio para el examen de física de mañana* (acción singular, única, en proceso de desarrollo). El uso de la forma durativa *¿Qué estás estudiando?* en lugar de *¿Qué estudias?*, en el segundo ejemplo, es muy común para denotar más énfasis en el suceso considerándolo como imperfecto y único.

En inglés esta diferencia semántica, acción iterativa (habitual) vs. acción única, se mantiene diferenciada mediante un contraste en el uso de la forma simple y la durativa. Por consiguiente, una frase como *I write a letter* siempre indica acción habitual y no lleva el significado de una acción singular. Esta separación mandatoria en inglés de las dos funciones puede transferirse al español con el peligro de que el uso constante de formas durativas dé la impresión de un énfasis acentuado cuando en realidad el estudiante no ha querido dar a su frase un énfasis especial.

El futuro y el condicional

El FUTURO, tanto en inglés como en español, se usa para indicar un suceso que se anticipa desde el momento de hablar, *Mañana iré/Tomorrow I will go.* Además del tiempo futuro, en ambos idiomas se usa una construcción con el verbo *ir* muy común en el habla cotidiana, cuya función es representar un suceso anticipado *Mañana voy a estudiar/Tomorrow I am going to study.*

Es corriente que el presente en español reemplace al futuro si el contexto aclara el significado de la oración: *Mañana salgo para Veracruz.* En inglés, como ya hemos notado, se puede hacer la misma substitución pero existe la posibilidad de elegir entre la forma durativa o la forma simple: *Tomorrow I'm leaving (I leave) for Veracruz.*

El futuro en español también funciona para indicar suposición o probabilidad en el presente: *¿Qué hora será? ¿Dónde habrán ido? ¿Qué dirán?* Esta función semántica le resulta particularmente difícil al anglohablante tanto usarla como interpretarla.

El CONDICIONAL (o potencial) es un tiempo paralelo al futuro en ambos idiomas, pero con la acción anticipada desde un punto del pasado: *Juan dijo que llegaría en el tren de las cuatro/John said that he would arrive on the four o'clock train.* Como en el caso del futuro se usan construcciones perifrásticas en el habla cotidiana: *Juan pensaba que iba a ir (iría)/John thought that he was going to go (would go).* De igual manera que las formas del presente substituyen a las del futuro en ciertos contextos, las formas del imperfecto pueden substituir a las del condicional: *Dijo que salía (saldría) al día siguiente.* La misma substitución se hace en inglés mediante la forma durativa: *He said that he was leaving (would leave) the next day.* El uso más común del condicional lo encontramos en las oraciones llamadas "condicionales" con suposiciones falsas: *Si ella tuviera dinero, compraría el automóvil/If she had money, she would buy the car.* En estos casos la situación se ve desde el presente: *Si ella tuviera el dinero ahora.../If she had the money now....* Se usa el condicional en la segunda parte de la oración para expresar que la acción del verbo continuaría si la suposición fuera verdad. El condicional, como el futuro, se puede usar para expresar suposición o probabilidad: *¿Qué hora sería? ¿Dónde habrían ido? ¿Qué dirían?*

El pretérito y el imperfecto

El sistema verbal del español no ocasiona en su mayor parte grandes problemas al anglohablante por lo que respecta a su interpretación semántica. Cuando se llega a la organización semántica de los tiempos del pasado, cambia sin embargo la situación. El uso del PRETÉRITO y del IMPERFECTO supone para el estudiante un grave problema. Para tratar de aclararlo dentro de lo posible, dividiremos la exposición en dos secciones. La primera se referirá al uso del pretérito y del imperfecto con verbos de suceso. La segunda se ocupará de los dos tiempos con verbos de estado.

Verbos de suceso

Tanto el pretérito como el imperfecto se usan para relacionar sucesos que ocurren simultáneamente haciendo referencia a un punto en el pasado: *La criada limpió/limpiaba la casa ayer a las dos.* La distinción entre los dos tiempos, pues, no es temporal sino que está basada en el enfoque aspectual.

Si un hablante quiere describir un suceso sin llamar la atención ni sobre el principio ni sobre el final del mismo, es decir, si quiere poner el énfasis en el transcurso de la acción, usará el imperfecto. Destacar el transcurso o la parte intermedia de una acción no implica que dicha acción no se haya llevado a cabo. *Mientras que los niños veían televisión, yo limpiaba la cocina.* En este ejemplo el uso del imperfecto no implica que los niños todavía estén viendo televisión o que el hablante esté limpiando la cocina; se afirma solamente que en algún momento del pasado la situación era ésa. El hablante usa el imperfecto porque la terminación de estos sucesos no tiene importancia para sus propósitos en la conversación.

El uso del pretérito resulta algo más complicado. Se usa cuando no interesa destacar el transcurso de una acción sino que queremos afirmar simplemente que cierto acontecimiento tuvo lugar antes del presente. Esta es una situación muy común en la enumeración de sucesos: *Me senté, estudié un poco, vi la televisión y me acosté muy temprano.*

A veces queremos relacionar el énfasis aspectual con un punto específico. Hay tres posibilidades teóricas que ilustra el cuadro 4.

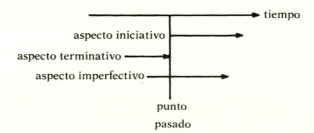

Cuadro 4: El enfoque aspectual

Si queremos destacar el principio (*Jacinta me habló a las ocho*) o el fin (*Se levantó a las diez*) de un suceso, usaremos el pretérito. El imperfecto queda restringido al enfoque en el transcurso de una acción. Para distinguir entre el aspecto iniciativo y terminativo habría que considerar el tipo de verbo que se usa. Si el verbo representa un suceso de naturaleza cíclica, es decir, sin posibilidades de extenderse sin repetición (como *acostar, levantar, golpear*, etc.), el enfoque aspectual es terminativo. Por el contrario, si el verbo es extendible (como *hablar, vivir, comer*, etc.), el enfoque aspectual es muchas veces iniciativo.

Al comparar oraciones que contienen un verbo en pretérito o en imperfecto, el pretérito parece acortar el acontecimiento mientras que el imperfecto parece alargarlo: *¿Qué hacías anoche cuando te llamé? Estudiaba. / ¿Qué hiciste anoche? Estudié.* No es que en realidad se alargue o se reduzca la acción sino que ésta es la impresión que se produce como resultado de enfocar los dos sucesos. En la oración del pretérito, como consecuencia de enfocar la acción en el acontecimiento ya completado, esperamos oír lo que ocurrió después de estudiar. Con el imperfecto, esperamos oír lo que ocurría durante el estudio.

Comparemos ahora el sistema que usa el anglohablante para representar los mismos conceptos semánticos. En los siguientes ejemplos, el pretérito corresponde a la forma simple del inglés: (1) un acontecimiento puntual, *Yesterday we* **went** *to the movies/* Ayer **fuimos** *al cine*; (2) aspecto iniciativo, *Ricardo stood up and* **ran**/*Ricardo se levantó y* **corrió**; (3) aspecto terminativo, *At three o'clock he* **went** *to bed/A las tres* se **acostó.**

Veamos ahora cómo expresa el anglohablante las situaciones que requieren el imperfecto en español. Si el enfoque es imperfectivo pueden usarse en inglés tanto las formas simples como las durativas: *While Ana prepared (was preparing) the meal.../ Mientras preparaba Ana la comida...* La selección de una de estas dos formas no es arbitraria ni caprichosa pero no entraremos en los detalles de su distinción en inglés.

De los ejemplos anteriores vemos que en inglés la forma simple del pasado equivale a las formas del imperfecto y del pretérito del español. Le ayudará a solucionar el problema acudir a la regla que le dice que siempre se empleará el imperfecto en español cuando se puede substituir la forma durativa en inglés por la forma simple del pasado.

Discutamos ahora las acciones iterativas, que, como sabemos, representan una serie de repeticiones de un mismo suceso. El enfoque aspectual de una serie de sucesos puede ir al principio, en medio, o al final, como sucedía en el caso de una sola acción. Si el enfoque es imperfectivo usará la forma imperfecta: *Antes comíamos a las seis; ahora comemos mucho más tarde*. Si el hablante quiere poner el énfasis al principio o al fin de una serie de sucesos usará el pretérito: *Durante seis meses comimos arroz todos los días; Desde aquel momento la vi todos los días*. De los ejemplos citados se deduce que tanto el pretérito como el imperfecto se usan para expresar una acción habitual. Sin embargo, el uso del imperfecto es muy común en casos de acción iterativa y son pocas las situaciones en que se quiere resaltar el principio o el fin de una serie de acciones. En inglés la forma *used to* corresponde con este uso del imperfecto: *Siempre nos levantábamos muy tarde/We always used to get up late*. Sin embargo en inglés también se usa la forma simple para transmitir la idea de una acción iterativa: *Terminábamos todos los días a las seis/We finished (used to finish) every day at six*. Además de la forma simple del pasado y la perífrasis *used to* para indicar una serie de sucesos, hay una tercera forma en inglés, la llamada condicional que puede usarse para indicar repetición en el pasado: *Cuando éramos niños, nos acostábamos antes de las nueve/When we were children, we would always be in bed by nine o'clock*.

En resumen, el hispanohablante elige entre el pretérito y el imperfecto y por medio de la elección entre los dos pasados enfoca formalmente los aspectos del verbo, el perfectivo (iniciativo o terminativo) y el imperfectivo. El anglohablante si usa la forma simple en inglés omite la representación aspectual, que ha de deducirse del contexto de la oración, y además puede valerse de dos formas que indican explícitamente aspecto iterativo.

Verbos de estado

El uso del imperfecto con verbos de estado resalta el transcurso del estado: *Tenía el libro; Podía expresarlo; Sabía la contestación; Estaba en el comedor*. Recuérdese que el uso del imperfecto con verbos de suceso da la impresión de que el suceso se alarga. Observemos el parecido entre un suceso prolongado y un estado en las siguientes oraciones: *Mientras leía el periódico...* (suceso); *Mientras estaba en el comedor...* (estado).

El pretérito se usa con verbos de estado sólo cuando se quiere resaltar el principio o el fin de un estado determinado, situación mucho menos común que la anterior. Por ejemplo, en oraciones de tiempo especificado se usa generalmente el pretérito: *Irigoyen fue presidente durante ocho años.* Si queremos narrar lo que ocurrirá después de la terminación de un estado, usaremos el pretérito: *Estuvimos allí tres horas y después fuimos al cine.* Al usar el pretérito con un verbo que representa un estado, el resultado es una impresión de un acontecimiento. Esta imagen se destaca aún más si incluimos un verbo de estado dentro de una serie de acontecimientos: *Salimos a la calle, comimos, regresamos a la casa de Matilde, estuvimos allí un rato y después volvimos a la calle.*

Como regla general, el anglohablante debe usar el imperfecto para expresar el pasado de un estado excepto cuando quiere destacar su fin o su principio. Como indicador del fin de un estado el pretérito no causa mayores problemas. En cambio, como indicador de la iniciación de un estado el uso del pretérito es tan complejo que muchos libros de texto dedican toda una sección a lo que llaman "significados especiales" del pretérito.

Para examinar el problema ejemplificaremos con un verbo que representa un estado: *tener algo.* Lógicamente antes de *tener algo* hay que conseguir o recibir ese *algo.* Hay un suceso inicial anterior al estado de *tener algo* que es el suceso de *conseguir* o *recibir* ese *algo.* Veamos un diagrama ilustrativo (cuadro 5).

El principio del verbo de estado *tener* puede examinarse desde dos puntos de vista: el comienzo de un estado (*tener*) o el fin de un suceso (*conseguir* o *recibir*). La diferencia entre el español y el inglés se percibe en la preferencia del anglohablante por

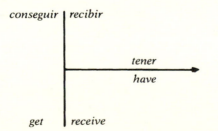

Cuadro 5: La relación de acción y estado

los verbos que representan el suceso en vez de los que representan el estado; en español, en cambio, es normal usar la forma del pretérito del verbo que representa el estado: *Tuvimos una carta de Julio hoy/We got a letter from Julio today*. En general todo verbo de estado es el resultado de algún suceso previo que produjo tal estado. *Conocer a una persona* significa que alguien se ha encontrado con otro ser humano y que se han conocido. *Tener conocimientos de física* indica que se han hecho estudios sobre la materia. *Estar en un lugar* supone que se ha ido a ese lugar. Por esa razón, el uso del pretérito con verbos de estado puede dar como resultado un énfasis en el aspecto iniciativo de ese estado o sea en el suceso que lo causó. He aquí comparados algunos pares de oraciones que ilustran lo que acabamos de discutir (cuadro 6). En español el pretérito acentúa el principio o el fin de un suceso o de un estado y el imperfecto da énfasis al transcurso del suceso o del estado. Al anglohablante le resulta difícil poner el énfasis al principio del estado en vez de dar fuerza al final del suceso causante de tal estado.

A causa de esta complicación, los libros de texto examinan con cierto detalle cada verbo de estado para averiguar sus correspondencias en inglés. En algunos casos la correspondencia está clara: *conoció* = *met* (suceso), *knew* (estado); *supo* = *found out, learned* (suceso), *knew* (estado); *estuvo* = *arrived* (suceso), *was* (estado). En otros casos el anglohablante usa el mismo verbo para el suceso y el estado resultante: *Ya comprendía el problema/I already understood the problem; Por fin comprendió el problema/Finally he understood the problem*. Con algunos verbos hay que diferenciar entre la forma negativa y la positiva: *Quise ir/I tried to go; No quise ir/I refused to go*.

A continuación hemos trazado un esquema para enseñar los usos del pretérito y del imperfecto:

Suceso (iniciativo) → causante de →	Estado (imperfectivo)
Lo supe.	Lo sabía.
Lo conocí.	Lo conocía.
Estuve allí temprano.	Estaba allí.
Comprendí lo que me dijo.	Comprendía lo que me dijo.

Cuadro 6: Acción → estado

1. Empezamos enseñando el pretérito para narrar sucesos simples completados. Utilizamos las formas del pretérito aplicándolas al lenguaje cotidiano: *¿Qué hizo usted (él, ellos, ustedes, etcétera) ayer (anoche, durante el fin de semana,* etc)? Los estudiantes se limitan a contestar brevemente enfocando siempre el fin del suceso en el pasado. Debido a la complejidad de las formas del pretérito, hay que empezar estas actividades unas semanas antes de entrar plenamente en el estudio de las diferencias entre el pretérito y el imperfecto.

2. Enseñamos las formas del imperfecto desde la perspectiva del transcurso de un estado. Hacemos prácticas utilizando descripciones de estados en el pasado: *ayer, anteayer,* etc. *¿Cómo se sentía usted en aquel momento? ¿Qué tiempo hacía?,* etc.

3. Los ejercicios anteriores nos ayudan a extender el uso del imperfecto a sucesos no-iterativos. Se hacen preguntas como *¿Qué pasaba en aquellos momentos? ¿Qué hacía usted? ¿Qué hacían sus amigos?,* etc.

4. A continuación, lo más útil es la comparación del pretérito y del imperfecto cuando ambas formas representan un suceso único. El énfasis aspectual en medio del acontecimiento (imperfecto) sirve de fondo (descripción) a la interrupción de otro suceso que tenga el énfasis en el final del acontecimiento (pretérito). Pueden usarse diagramas como el siguiente:

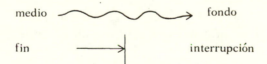

5. El imperfecto como tiempo correspondiente a la perífrasis *used to* del inglés puede presentarse como una representación en el pasado del presente habitual:

Siempre cenamos a las seis.
Siempre cenábamos a las seis.

6. Los alumnos pueden pasar a un examen detallado del uso del pretérito con verbos de estado.

EJERCICIOS

1. Explique la función de cada frase verbal según el orden relativo al momento de hablar: anterior, simultáneo, posterior. *Ejemplo:* No lo **he hecho** todavía—*La acción de hacer no fue anterior al momento de hablar.*

(1) **Vamos** a **consultarlo** con los mecánicos mañana después de las dos.

(2) Ayer al mediodía me **reuní** con los líderes de la industria petrolera.

(3) Los negociantes **pensaban** que se **habrían llenado** las cuotas antes de que **se acabaran** las materias primas que **tenían.**

(4) El presidente **afirmaba** que **saldría** de su oficina antes de que sus ministros se **fueran.**

(5) **Dicen** que la Corte Suprema ya **ha decidido** el caso pero que no se **ha difundido** todavía la noticia.

(6) El Departamento de Justicia **argumentó** que los estatutos de la ley no **prohíben** que **hayan** cuotas especiales en esos casos.

(7) Para los interesados el domingo **habrá** una **lección** de karate en la cancha directamente detrás del gimnasio.

(8) Los estudiantes de medicina **tomarán** el curso de anatomía el semestre que **viene.**

(9) **Era** mi intención **haber leído** y **estudiado** lo asignado sobre Cervantes antes de **asistir** a la conferencia el viernes pasado.

(10) Tú me **dijiste** que después de **terminar** con la reunión con el decano **iríamos** a cenar en ese nuevo restaurante suizo.

(11) Como ya **han emigrado** más de seis millones, no **queda** más remedio que **pensar** en **revisar** los planes de reorganización de la representación de los diferentes sectores de la población.

(12) Me **dijo** mi amigo Rodolfo González que los aviones que él **ha volado** casi **pueden volarse** sin piloto.

(13) **Teníamos** Elena y yo planes de **ir** al concierto pero **pensábamos** que primero **sería** aconsejable que nos **quedáramos** en casa para **poder pasar** más tiempo con nuestros tíos, quienes **estaban** de visita.

(14) Los obreros en esa fábrica **seguían repitiendo** que **trabajarían** con o sin contrato.

(15) Mañana **tratarán** de **evitar** que **surjan** tantas discusiones entre las dos facciones principales del partido principal.

(16) El mes que **viene** los ingenieros y los arquitectos que **han estado trabajando** en el proyecto **tratarán** de ponerse de acuerdo para que el proyecto **pueda seguir** adelante.

(17) Antes de **salir** a pescar, **asegurémonos** de que se **haya comprado** todo lo que **podamos necesitar,** porque no **quiero tener** que **regresar** dos veces.

(18) **Fue** presidente por más de dos años pero no **quiso seguir** y se **retiró.**

(19) **Han estado discutiendo** el problema por cinco horas y no **veo** yo que se **llegue** fácilmente a un acuerdo.

2. Explique las diferencias semánticas que existen entre los pares de oraciones siguientes. Extienda el contexto semántico para clarificar el significado del verbo.

Ejemplo: Lo había estudiado/ Lo he estudiado—*En el primer ejemplo la acción de estudiar ocurrió antes de un determinado momento del pasado, por ejemplo: Luisa había estudiado para el examen de biología, pero no lo pasó. En el segundo ejemplo, el acto de estudiar ocurrió en algún momento no específico, anterior al acto de hablar: Lo he estudiado, así que podemos ir al cine esta noche.*

(1) Lo supe a la una/ Lo sabía a la una.

(2) Siempre estudio/ Siempre estudiaba.

(3) He terminado la lección/ Había terminado la lección.

(4) No vino/ No vendrá.

(5) Saldré a las tres/ Saldría a las tres.

(6) No creo que lo hubiera comido/ No creo que lo haya comido.

(7) Escribí la carta/ He escrito la carta.

(8) No pude hacerlo/ No podía hacerlo.

(9) Estaba cocinando todo el día/ Estuvo cocinando todo el día.

(10) Me estoy levantando/ Me levanto.

(11) Estaré nadando/ Nadaré.

3. Clasifique el concepto que representa el verbo según sea:
    A. un suceso o un estado
    B. simple o iterativo
    C. imperfectivo o perfectivo (iniciativo o terminativo)
    Ejemplo: Lo **comí** todo—*Suceso, simple, perfectivo (terminativo).*

    (1) Siempre **venían** mis abuelos a cenar los lunes.

    (2) **Era** usted quien **tardaba.**

    (3) Raúl **se casó** con la hija del dueño.

    (4) No **sabía** que usted **tenía** novio.

    (5) **Salieron** hace una hora; no sé cuándo regresarán.

    (6) ¿**Leías** el periódico cuando **llegó** Eduardo?

    (7) **Íbamos a tomar** el autobús pero **llegamos** tarde, y **tuvimos** que tomar un taxi.

    (8) **Vi** que ustedes no **querían** modificar los planes que se **presentaron** en la última reunión.

    (9) **Vendían** cosas baratas y buenas pero la semana pasada **cerraron** la tienda.

    (10) **Comió** Marta tanto que se puso enferma.

    (11) Cuando yo **entré, vi** que ya **dormían** los demás huéspedes.

    (12) La niña **escribió** una carta larguísima.

    (13) No **queríamos** ir a ver al dentista pero **fuimos.**

    (14) Los nadadores **practicaron** todo el día.

    (15) La Corte Suprema **decidió** que no se **permitían** más manifestaciones en esa zona.

TEMAS DE DISCUSIÓN

1. Usando los conceptos de orden, tiempo y aspecto, explique la función semántica principal de los siguientes tiempos en español:

(1) presente	(3) perfecto	(5) condicional
(2) durativo	(4) futuro	(6) imperfecto
		(7) pretérito

2. Haga grabaciones con tres niveles de estudiantes: principiantes, intermedios y avanzados. ¿Cuál es el error más común en el uso de los tiempos verbales? (Excluya el subjuntivo, que se estudiará en el capítulo siguiente.)

3. ¿Hay diferentes tipos de errores de uso de tiempos verbales en los distintos niveles u obedecen las diferencias solamente a cuestiones de frecuencia?

4. ¿Cuáles eran los tiempos usados más frecuentemente? Compare esta cifra con un cálculo de las frecuencias de los tiempos que deberían haberse usado. ¿Debe de jugar un papel en la enseñanza la frecuencia de uso de tiempos verbales?

5. En cada tiempo, ¿cuál era la función principal más usual? ¿Hubo cambios de un nivel a otro?

6. ¿Hubo tiempos que no se usaron? ¿Hubo tiempos que no necesitaban usarse? ¿Tiene esta respuesta alguna implicación para la enseñanza?

7. ¿Existe un orden natural para la enseñanza de los tiempos verbales? Haga una propuesta sobre el orden en que deben enseñarse los tiempos verbales y defiéndala.

8. ¿Qué relación existe entre los adverbios de tiempo y los tiempos verbales? ¿Cómo puede usar los adverbios el profesor para ayudar al alumno en su proceso de comprensión? ¿Es natural esta práctica? ¿La recomendaría?

9. ¿Hasta qué punto debe explicarse en la clase la función de un tiempo verbal? Justifique su respuesta.

10. ¿Qué tipo de actividades en la clase son las más apropiadas para la enseñanza de tiempos verbales?

capítulo 8
LOS MODOS VERBALES: INDICATIVO Y SUBJUNTIVO

Las oraciones compuestas / Las oraciones subordinadas nominales: Afirmaciones / Mandatos / Duda / Comentario subjetivo / Las oraciones subordinadas adjetivales / Las oraciones subordinadas adverbiales / Los tiempos del modo subjuntivo

Las oraciones compuestas

Una ORACIÓN COMPUESTA es el resultado de ciertas combinaciones sintácticas de dos o más oraciones simples. Es conveniente distinguir entre los distintos tipos de relación gramatical que existen entre las oraciones que se combinan. Un método que se puede aprovechar para representar estas relaciones sintácticas es el diagrama llamado "arbóreo" (porque se parece a un árbol invertido) usado por los lingüistas de la escuela transformacionalista. Examinemos primero una oración simple para darnos una idea de cómo funciona este diagrama. Después examinaremos la representación de las oraciones compuestas.

La oración *Juan comió la torta* consta de dos unidades funcionales: el sujeto y el predicado. Sintácticamente el sujeto está representado por una frase nominal mientras que el predicado está representado por una frase verbal (cuadro 1). En este caso la frase nominal consiste en una sola palabra que es un sustantivo; otras posibilidades serían *tus amigos, mi hermana que vive aquí en esta ciudad*, etc. La frase verbal *comió la torta* consta de verbo más frase nominal (cuadro 2). La frase nominal del predicado se compone de un artículo más un sustantivo, y

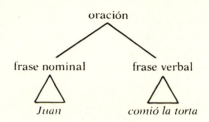

Cuadro 1: Diagrama arbóreo 1

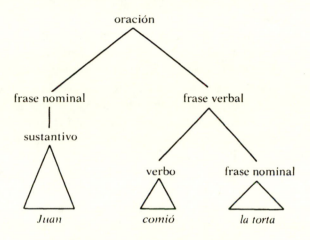

Cuadro 2: Diagrama arbóreo 2

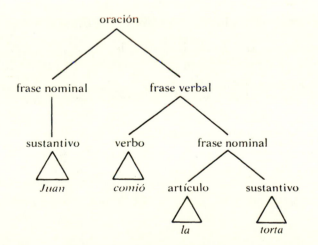

Cuadro 3: Diagrama arbóreo 3

Las oraciones compuestas

haciendo la revisión final tenemos el tercer diagrama (cuadro 3).

Sin embargo, el diagrama es todavía una versión muy simplificada de la morfosintaxis de esta oración. En ninguna parte se indica que *Juan* es un nombre propio o que el verbo *comió* lleva un afijo que indica la conjugación (/i/) y otro que indica el tiempo (/ó/), o que *torta* es un sustantivo femenino singular, y que el artículo definido tiene que concordar con el sustantivo correspondiente en estas categorías. Tampoco es ésta una información esotérica sin aplicación práctica, sino que es parte de la sintaxis que el hispanohablante sabe y usa inconscientemente cada vez que habla.

Hemos llegado a una posición más ventajosa para comprender mejor la oración compuesta. En éstas hay una oración principal dentro de la cual otra oración funciona subordinada sintácticamente como frase nominal, adjetival o adverbial. La oración subordinada nominal puede funcionar como sujeto de la oración (cuadro 4). (El orden natural sería: *Es muy interesante que María no haya venido.*) La oración subordinada nominal puede ser el complemento de la oración (en el ejemplo en el cuadro 5 es complemento directo, pero puede ser también complemento indirecto, u objeto de una preposición). La oración subordinada adjetival es la que modifica a un sustantivo (cuadro 6). La oración subordinada adverbial tiene función de adverbio y generalmente modifica al verbo (cuadro 7).

Las oraciones subordinadas nominales: Afirmaciones

Para entender el funcionamiento de la oración subordinada nominal, examinaremos primero la función semántica de las oraciones en general, y en especial las relaciones semánticas que se dan entre las oraciones simples y las subordinadas.

La función principal de una oración es la de afirmar algo. Hacer una AFIRMACIÓN es enunciar una posición positiva sobre la verdad del contenido de la oración. En otras palabras, al hablar queremos comunicarle algo a alguien. La mayoría de las oraciones que creamos son afirmaciones: Beatriz: *María ha estudiado poco*; Juan: *Sí, lo sé, y va a tener dificultades con el examen.*

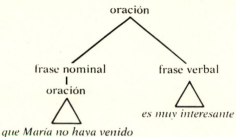

Cuadro 4: Diagrama arbóreo 4

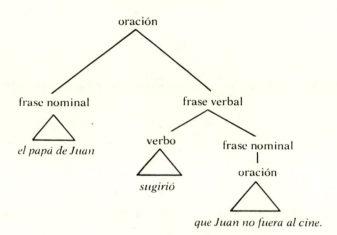

Cuadro 5: Diagrama arbóreo — complemento directo

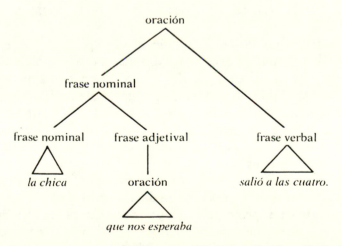

Cuadro 6: Diagrama arbóreo — oración subordinada adjetival

Las oraciones subordinadas nominales   **173**

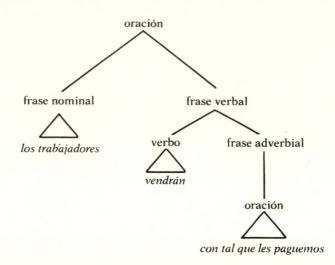

oración

frase nominal · frase verbal

los trabajadores · verbo · frase adverbial

vendrán

oración

con tal que les paguemos

Cuadro 7: Diagrama arbóreo — oración subordinada adverbial

En este pequeño diálogo hay tres afirmaciones: (1) Beatriz afirma (cree) que María ha estudiado poco, Juan le comunica a Beatriz que (2) ya sabía este hecho y le afirma que (él cree que) (3) ella va a tener dificultades en el examen.

Al negar una oración negamos por lo general una afirmación: *María no ha estudiado*. Los procesos de interrogación se usan para pedir una afirmación como respuesta. *¿Qué hiciste anoche? Fui al cine*. Al aplicar a una oración los procesos normales de negación o interrogación, lo que viene a ser la parte negada o interrogada, representa, por lo general, la afirmación de la oración.

Las estructuras sintácticas más usadas para hacer afirmaciones son las llamadas oraciones simples, pero también se puede hacer afirmaciones en cláusulas subordinadas. Estas oraciones suelen constar de una MATRIZ introductoria seguida de una oración subordinada. La afirmación principal de la oración va representada sintácticamente por la oración subordinada. Por ejemplo, en la oración *Creo que Juan irá con nosotros* la afirmación principal es *Juan irá con nosotros* pero el hablante ha querido debilitar la afirmación empleando la matriz *creo*. La matriz se une a la oración subordinada con *que*.

Son cuatro las principales clases semánticas de matrices que introducen afirmaciones. En primer lugar, unas matrices están constituidas por verbos de transmisión o comunicación; se usan para transmitir una afirmación indirectamente: *Juan me dijo que no quería quedarse mucho tiempo.* En este ejemplo tenemos dos afirmaciones: (1) *Juan me dijo algo* y (2) *Juan no quería quedarse mucho tiempo.* Otras matrices de transmisión son *relatar, contar, explicar, escribir, insistir en,* etc. En segundo lugar, hay matrices que expresan las diferentes maneras de conocer o saber una cosa: *Pronto se dio cuenta de que ya no lo quería.* Otros ejemplos son *aprender, saber, reconocer,* etc. En tercer lugar, hay matrices de creencia que se usan de una manera casi parentética para atenuar o reforzar la afirmación: *Es obvio que no lo sabes.* Otros ejemplos son *creer, pensar, suponer, parecer, ser verdad, ser evidente,* etc. Finalmente, hay matrices que indican observación o percepción: *Vi que ya habían salido.* Otros ejemplos son *notar, escuchar, oír, observar,* etc.

La oración subordinada se puede convertir en oración principal y la matriz en una frase parentética. Así pues, *Creo que Tomás ya terminó el trabajo* se convierte (con el consiguiente cambio de entonación) en *Tomás ya terminó el trabajo, creo.* Ese proceso no puede aplicarse, claro está, si el complemento no se afirma. *Dudo que haya terminado su trabajo* no puede convertirse en **Haya terminado su trabajo, dudo.*

Mandatos

Las oraciones afirmativas son las más comunes en cualquier idioma, pero recordemos que otra función necesaria es la de dar MANDATOS. Hay varias clases de mandatos: directos, *Hágalo ahora;* indirectos, *¡Que lo haga María!;* y los llamados exhortativos, *¡Hagámoslo!* Comparemos la afirmación con el mandato en las oraciones independientes:

Afirmación	*Mandato*
Luis vendrá mañana.	Que venga Luis mañana.
Usted vendrá mañana.	Venga usted mañana.
Tú vendrás mañana.	Ven mañana.

Recordemos ahora que existe un grupo de matrices que se usan para transmitir afirmaciones. Algunas de éstas pueden emplearse de igual manera para comunicar mandatos: *Le dije a Rosaura que su prima vendría pronto; Le dije a Rosaura que viniera pronto*. En la primera frase hay dos afirmaciones: (1) *le dije algo a Rosaura* y (2) *la prima de Rosaura vendría pronto*. En la segunda, en cambio, hay una afirmación: (1) *Le dije algo a Rosaura* y se transmite un mandato: (2) *Venga pronto*.

Hay varias expresiones verbales que pueden usarse para comunicar expresiones de afirmación o mandatos (*decir, escribir, gritar, insistir en*) y pueden transmitirse en presente o pasado: *Le digo que vaya usted conmigo; Le dije que fuera usted conmigo*. En los dos casos anteriores, sin embargo, aunque la acción de transmitir está en presente y pasado respectivamente, la acción de los mandatos mismos, si ocurre, tendrá que ser posterior al acto de hablar: *Le digo que vaya (después de comer, un poco más tarde, cuando quiera*, etc.).

Además de transmitir mandatos directamente, algunas veces queremos atenuarlos y en lugar de decir *Hágalo ahora* decimos *Prefiero que usted lo haga ahora* o quizás *Le sugiero que lo haga ahora*. Este proceso es paralelo a la atenuación de afirmaciones que puede hacerse mediante matrices atenuantes: *Me parece que no vendrán* (cf. *No vendrán*); *Quiero que vengan* (cf. *¡Vengan!*). Las oraciones anteriores son mandatos suaves o atenuados y constan de una afirmación seguida de un mandato.

En resumen, el mandato puede ser:

(1) directo:	*Tráigamelo.*
(2) indirecto:	*¡Que me lo traiga Eduardo!*
(3) exhortativo:	*Traigámoslo.*
(4) transmitido:	*Le dije que me lo trajera.*
(5) atenuado:	*Prefería que me lo trajera.*

En cada caso la forma verbal que se usa con el mandato es el modo subjuntivo. En cambio, en las oraciones de afirmación se usa siempre el modo indicativo. La única excepción es el mandato familiar singular positivo, *habla tú*, cuya forma es indicativa.

La afirmación y el mandato en inglés y español se expresan con estructuras sintácticas semejantes. La afirmación puede expresarse en inglés por medio de oraciones independientes o mediante subordinadas: *Edward will buy a new car; I believe* (*know, see, said, told her*, etc.) *that Edward will buy a new car tomorrow*. El mandato aparece en los mismos contextos que en español:

(1) directo:	*Bring it to me.*	
(2) indirecto:	*Let Edward bring it to me.*	
(3) exhortativo:	*Let's bring it.*	
(4) transmitido:	*I told him to bring it to me.*	
(5) atenuado:	*I preferred that he bring it to me.*	

En las oraciones de afirmación en inglés aparecen siempre las formas verbales indicativas; las de mandato están siempre constituidas por la raíz sin desinencia. Veamos este proceso con más detalle.

Las formas del subjuntivo en inglés son las mismas que las del indicativo con una excepción: la /s/ de la tercera persona del singular no aparece en el subjuntivo (cuadro 8).

	Indicativo	Subjuntivo
I, you, we, they	eat	eat
he, she, it	eats	eat

Cuadro 8: La forma del mandato (subjuntivo) en inglés

Por consiguiente, en la tercera persona del singular del verbo habrá un contraste formal entre el indicativo y el subjuntivo, como ocurre en español: *I insist that he stay/Insisto en que se quede* (subjuntivo); *I insist that he stays/Insisto en que se queda* (indicativo). Otros ejemplos de matrices que se usan con el subjuntivo para expresar un mandato son: *It is necessary that he **leave**; I advise that she not **do** that; He suggested that it **be** ready tomorrow.* Basta, pues, con seguir la fórmula: "matriz + *that* + oración subordinada nominal" en la que se usa el modo subjuntivo. Sin embargo, la mayoría de las matrices de volición exigen otro tipo de estructura gramatical.

Hay matrices que requieren una construcción con infinitivo: *I want you **to leave** immediately; I advised him **to finish** his meal first.* Otras se construyen con infinitivo pero además requieren la preposición *for* ante el sujeto: *It was necessary **for** them **to give** it to him.* Varias matrices requieren que el verbo esté en gerundio y el sujeto en forma posesiva: *I insisted on **their showing** the house to all the clients.* Con algunas matrices se puede escoger entre dos tipos de estructura. En estos casos el uso del infinitivo es el más común: *I asked her to stay; I asked that she stay.*

La semejanza entre el inglés y el español en cuanto a la manifestación de afirmaciones y de mandatos es evidente. Los factores semánticos que rigen la selección del subjuntivo y del indicativo en los dos idiomas son iguales en este caso: la afirmación exige el indicativo y el mandato exige el subjuntivo. Sin embargo, debido a la gran variación que experimentan otras construcciones en inglés, el uso cotidiano del subjuntivo inglés está bastante restringido y la transferencia positiva es mínima. Los errores son de dos tipos. El principiante que no ha estudiado estas estructuras usa sencillamente el infinitivo o el presente del indicativo; el estudiante más avanzado a veces mezcla las formas del subjuntivo y el indicativo casi indistintamente.

Duda

El hablante puede, frente a una proposición, oscilar desde una fuerte creencia en dicha proposición hasta la completa negación de la veracidad de la misma. Para expresar este proceso se acude a matrices de duda o de negación. Entre la creencia y la negación hay una amplia escala de variación semántica que va de lo positivo a lo negativo:

estoy muy seguro	*positivo*
estoy bastante seguro	↑
estoy casi seguro	
es muy probable	
es poco probable	
es muy posible	
es posible	
es poco posible	↓
es imposible	*negativo*

Cuando el hablante afirma algo, usa el indicativo; si no, emplea el subjuntivo. Lo importante aquí no es la matriz misma sino la actitud del hablante frente a la proposición.

Desde el punto de vista sintáctico pueden darse dos construcciones posibles: oraciones independientes y matriz más oración subordinada. En las oraciones independientes, es normal el indicativo; el subjuntivo se usa solamente para acentuar la ausencia de afirmación: *Tal vez viene/Posiblemente vendrá; Tal vez venga/Posiblemente venga.*

En oraciones con una matriz más una oración subordinada, se usa el indicativo sólo en los casos en que el hablante quiere afirmar la verdad del contenido de la oración. En los demás casos se usa el subjuntivo. En general, la clase de matrices que usamos para "dudar" proposiciones está compuesta por las matrices que representan la negación de la serie de matrices de creencia o viceversa:

Creencia	*Duda*
Estoy seguro de que se irán.	No estoy seguro de que se vayan.
Creo que está lloviendo.	No creo que esté lloviendo.
No dudo que llegará a tiempo.	Dudo que llegue a tiempo.
Es evidente que lo terminaron ayer.	No es evidente que lo terminaran ayer.

En inglés las oraciones que expresan duda o negación se forman sintácticamente de la misma manera. La diferencia está en que el subjuntivo nunca se usa en oraciones de opinión, sea de afirmación o de negación: *I believe (think, doubt, don't believe, don't think, don't doubt) that she'll arrive on time.* Así pues, tanto la falta de un contraste verbal con el inglés como la tendencia natural a simplificar, hacen que el estudiante use el indicativo en oraciones de duda: **Dudo que viene con nosotros.*

Comentario subjetivo

Pasemos ahora a examinar las oraciones en las que queremos expresar un comentario sobre el contenido de una oración. Para comprender la función semántica de las oraciones de comentario es necesario distinguir entre la AFIRMACIÓN y la PRESUPOSICIÓN.

En la oración *Es interesante que María estudie tanto* el hablante acepta el hecho de que María estudia, y su propósito al decir la oración es precisamente comentar este hecho. Si negamos la matriz, o sea el comentario, la presuposición no cambia. En *No es interesante que María estudie tanto* todavía se acepta el hecho de que María estudia mucho, pero ahora se afirma que este hecho no es interesante. No es lo mismo la presuposición de la verdad de una proposición que la afirmación de la verdad que encierra. Por ejemplo, en la oración *Es verdad que María es bonita* se afirma que María es bonita pero no se presupone nada. Al negar la matriz, por ejemplo, cambia el sentido de lo que se quiere decir: *No es verdad que María es (sea) bonita.* En este caso el hablante no cree, ni mucho menos presupone, que María sea bonita.

Hay por lo menos dos clases semánticas de matrices que se usan con proposiciones presupuestas. En el primer caso les pondremos el nombre de COMENTARIO SUBJETIVO: *es bueno que, qué interesante que, me parece maravilloso que.* Existe otro tipo de matrices que podríamos llamar de REACCIÓN SUBJETIVA. En esos casos el agente de la matriz se ve afectado física o psicológicamente por el suceso de la proposición: *alegrarse de (que), estar contento de (que), ponerse triste de (que).* Es importante notar que en los dos casos el hablante tiene que presuponer la verdad de la proposición de la oración subordinada. Es decir, en una oración como *Es una lástima que Esperanza no haya encontrado su cartera* no tiene sentido juzgar que sea una lástima a menos que sea verdad que Esperanza no ha podido encontrar su cartera.

En inglés las oraciones en las que se presupone el complemento de la proposición difieren de las del español en que (1) no se usa nunca el subjuntivo: *I'm happy that she is recovering so quickly* y en que (2) se emplean las otras construcciones sintácticas que ya hemos descrito: gerundio más posesivo (*I'm happy about her receiving good grades*) e infinitivo (*It's a shame for her to work so hard*).

Hay diferencias semánticas entre la afirmación y la presuposición. En las oraciones afirmativas se presenta la manera de transmitir la afirmación, se afirma la creencia en la proposición afirmada o se proporciona la manera de llegar a conocer que la proposición es verídica. En las oraciones que presuponen la proposición se produce una reacción personal o subjetiva respecto a lo que de antemano aceptamos ya (presuponemos) como verídico.

Las diferencias son también sintácticas. En el caso de las afirmaciones, por el hecho de ser afirmaciones, se las puede identificar como oraciones independientes añadiendo la matriz casi como un comentario parentético: *Los muchachos no sabrán por dónde entrar, creo yo* (*me parece, dicen ellas,* etc.). Esta construcción es imposible en oraciones que presuponen una proposición porque ninguna proposición puede ser afirmada y presupuesta a la vez: **Ya salieron para el cine, es maravilloso* no es aceptable.

He aquí una manera resumida de ordenar la presentación del subjuntivo y del indicativo en oraciones subordinadas nominales:

I. El contraste entre la afirmación y el mandato.
   A. La transmisión
       1. oraciones independientes
           La señora de Rivero estará allí.
           Señora, esté allí, por favor.
       2. oraciones subordinadas
           Le dije que estaría allí.
           Le dije que estuviera allí.
   B. La atenuación
           Creo que estará allí.
           Prefiero que esté allí.
II. El contraste entre la afirmación y la duda.
           Sé que conseguirán el dinero.
           Dudo que consigan el dinero.
III. El contraste entre la afirmación y la presuposición.
           Es evidente que limpiaron su cuarto.
           Es increíble que limpiaran su cuarto.

Comparemos ahora el uso del indicativo y el subjuntivo en inglés y en español por medio de la clasificación semántica en el cuadro 9.

Aunque hemos descrito ocho clases semánticas de oraciones, hay que subrayar que la correspondencia en el uso de los modos es directa: el indicativo se usa para expresar la afirmación y el subjuntivo en la ausencia de ésta.

Las oraciones subordinadas adjetivas

Recuérdese que la función de una oración subordinada adjetiva es la de modificar a un sustantivo. Comparemos las siguientes

Factor semántico	Clase de oración	Modo del verbo	
		Inglés	Español
Afirmación	1. transmisión	Indicativo	Indicativo
	2. opinión positiva	Indicativo	Indicativo
	3. conocimiento	Indicativo	Indicativo
	4. observación, percepción	Indicativo	Indicativo
Presuposición	5. comentario subjetivo	Indicativo	Subjuntivo
	6. reacción subjetiva	Indicativo	Subjuntivo
Falta de afirmación	7. duda	Indicativo	Subjuntivo
y de presuposición	8. mandato	Subjuntivo	Subjuntivo

Cuadro 9: El uso del subjuntivo en español y en inglés

oraciones: *Necesito un libro que me lo explique; Encontré un libro que me lo explica.* La distinción semántica expresada en los ejemplos anteriores se explica si observamos que en el primer ejemplo el hablante no piensa en ningún libro determinado sino en cualquier libro que explique lo que él quiere saber. En este caso es imposible que la oración subordinada represente una afirmación como *el libro me lo explica.* En el segundo ejemplo, en cambio, se supone que el libro existe; el hablante lo ha encontrado, tal vez lo tenga; además, el libro le explica lo que él quiere saber. En este caso hay dos afirmaciones: *Encontré un libro* y *el libro me lo explica.*

Si el sustantivo modificado representa algo inexistente, resulta imposible que ello sea experimentado o conocido: *No hay ningún libro que explique lo que quiero saber.* Tampoco en estos casos puede decirse que exista una afirmación, *el libro me lo explica.* Concluimos entonces que el subjuntivo se emplea si el antecedente es desconocido o inexistente, o, en otros términos, cuando la oración subordinada no puede representar una afirmación.

Las oraciones subordinadas adjetivas en inglés se forman como en español, pero en inglés no se usa el modo subjuntivo en ningún caso. La distinción entre los antecedentes experimentados y los desconocidos viene indicada por el contexto o se expresa por medio de ciertas estructuras gramaticales como, por ejemplo, el uso del artículo definido o indefinido.

Las oraciones subordinadas adverbiales

En las oraciones subordinadas adverbiales el uso del subjuntivo o del indicativo se complica por las distintas funciones que las oraciones adverbiales tienen dentro de la oración. En algunos casos se puede aplicar la oposición de lo experimentado frente a lo desconocido que ya se discutió en relación con las oraciones subordinadas adjetivales. Uno de los grupos de oraciones subordinadas adverbiales más comunes lo constituyen las llamadas de circunstancia, en las que la conjunción adverbial equivale a la construcción adjetiva: *como* = la manera en que; *cuando* = el momento en que; *donde* = el lugar en que. Veamos un ejemplo típico donde se ve la diferencia entre la selección del subjuntivo y la del indicativo: *Hazlo como Juan* **quiere**; *Hazlo como Juan* **quiera**. En el primer ejemplo el hablante ya sabe la manera en que Juan quiere que se haga; en el segundo ejemplo el hablante no tiene idea de esta manera.

Las frases en las que se subordinan oraciones con conjunciones adverbiales de tiempo siguen la misma regla. Como se trata de tiempo, cualquier momento anticipado será por fuerza desconocido y no experimentado. La oración *Vamos a comer cuando Ernesto regrese de su trabajo*, está formada por una afirmación *Vamos a comer en algún momento*, en la que se usa el modo indicativo, y la oración de tiempo *cuando Ernesto regrese de su trabajo* en la que empleamos el modo subjuntivo por tratarse de un momento anticipado y por lo tanto desconocido. Nótese además que no hay posibilidad de hacer una afirmación sobre el regreso de Ernesto de su trabajo. Otras conjunciones de tiempo se usan de la misma manera: *Siempre esperamos hasta que regresan; Vamos a esperar hasta que regresen.*

Hay otras conjunciones adverbiales que se usan para indicar varias relaciones complejas entre dos oraciones. Existen dos funciones comunes: las explicativas y las causales. En el caso de las conjunciones explicativas, una oración se explica por medio de otra. Las dos oraciones son entonces simples afirmaciones y debemos emplear el modo indicativo: **Ya que** *Ud. no lo tiene completo, no podemos ir;* **Como** *no está, no habrá problema; Yo no quiero ir* **porque** *no va a hacer sol.* En las oraciones que contienen conjunciones causales, una oración depende de la otra. En estos casos lógicamente sólo una de las oraciones puede ser una afirmación y únicamente en ésta se usará el indicativo: *No iré* **a menos que** *Ud. vaya también; Se lo daremos* **con tal que** *ella ya lo haya terminado; Te lo guardé* **para que** *lo vieras; Ya se lo escondí* **sin que** *lo supiera.*

Según nuestra experiencia, los alumnos experimentan considerables dificultades con las oraciones que encierran cláusulas adverbiales no tanto por la elección entre subjuntivo e indicativo sino por su misma complejidad semántica y sintáctica. Los errores más comunes consisten en simplificar extraordinariamente la estructura: **Vamos con tal ella terminar.* Debe notarse que en este tipo de oraciones no se emplea el subjuntivo en inglés.

Los tiempos del modo subjuntivo

En esta sección examinaremos los tiempos del modo subjuntivo para comparar su función con los tiempos correspondientes del indicativo. Hay menos formas del modo subjuntivo que del modo indicativo (véase el cuadro 10). Por eso, muchas de la diferencias semánticas que se representan con las formas del indicativo no se podrán hacer explícitas formalmente con el subjuntivo. Esto no quiere decir que las distinciones semánticas se pierdan sino que tienen que interpretarse según el contexto total de la oración o la situación del hablante. Por ejemplo, al presente y al futuro de indicativo les corresponde solamente una forma —el presente del subjuntivo. Así pues, la distinción entre *Estudia español* y *Estudiará español* no se hará morfológicamente: *Es dudoso que ella estudie español (hoy ∼ mañana).*

La misma relación se da entre los tiempos del pasado; es decir, la distinción entre *Pedro hacía* ∼ *Pedro haría su trabajo* tendrá que clarificarse a través del contexto ya que a estos dos tiempos de indicativo —el imperfecto y el condicional— corresponde sólo el imperfecto de subjuntivo: *Es muy dudoso que Pedro hiciera su trabajo (cuando vivía con su amigos, si tuviera tiempo).*

Existen cuatro tiempos perfectos en el modo indicativo, a los que corresponden dos del subjuntivo (cuadro 10).

La falta de diferenciación entre los tiempos perfectos es paralela a la de los tiempos simples, es decir, no hay distinción entre simultaneidad y posterioridad: *No creo que hayan terminado.*

	Indicativo	Subjuntivo
Presente	he terminado	haya terminado
Futuro	habré terminado	
Imperfecto	había terminado	hubiera terminado
Condicional	habría terminado	

Cuadro 10: Los tiempos perfectos con correspondencias subjuntivas

El contraste entre las formas simples y las durativas se mantiene en el modo subjuntivo: *No creo que estudie ∽ esté estudiando ahora.*

No existen formas del pretérito para el subjuntivo. Sin embargo, hay varias posibilidades para mantener la información semántica que representa el pretérito. Se puede usar el imperfecto de subjuntivo y relegar la diferencia entre el pretérito y el imperfecto al contexto de la oración: *Dicen que Juan vino anoche; No, es imposible que viniera.* Otra posibilidad es emplear la forma perfecta: *Dicen que Juan vino anoche; No, es imposible que haya venido.* Si se usa la forma perfecta es necesario mantener la relación entre los sucesos. Así pues, si el verbo de la matriz se usa en uno de los tiempos presentes, el hablante empleará el perfecto del presente. Por otra parte si la matriz contiene un verbo en el pasado, el hablante empleará el perfecto del pasado: *Es imposible que hayas terminado tan pronto; Era imposible que hubieras terminado tan pronto.*

En las oraciones que contienen mandatos, hay restricciones en el uso de los tiempos por la naturaleza semántica de las mismas. Un mandato siempre se interpreta como un suceso deseado en el futuro, es decir, es siempre anticipado, generalmente desde el momento de hablar. En efecto, en una oración imperativa simple como *Vaya Ud. a la tienda*, la acción del mandato *Vaya* es anticipada. En una frase como *Quiero que vaya con nosotros* el mandato *vaya* tiene que referirse a una acción posterior al deseo. Esta relación también es válida para el pasado. En *Quería que fuera con nosotros* la acción de ir tiene que ser posterior al momento del deseo. Al considerar una oración como *Quiero que hayas estudiado esta lección* parece que nos encontramos ante una contradicción a esta regla de ordenación. Sin embargo en la oración anterior se hace referencia al perfecto del futuro *habrás estudiado* y no al perfecto del presente *has estudiado*. Si añadimos adverbios como *para mañana*, etc. la diferencia se hace más clara: *Quiero que hayan completado esta lección mañana antes de las diez*.

En otras oraciones la combinación de tiempos se establece de acuerdo con la idea que se quiera expresar: *Dudo que lo hubieran terminado; No estaba contenta de que usted vaya con nosotros; Dudarás de que pudiera haberlo hecho cuando sepas lo que pasó*.

EJERCICIOS

1. Explique el uso del subjuntivo o del indicativo en las cláusulas subordinadas siguientes:
   Ejemplo: No creo que vaya Enrique a la fiesta con nosotros.—*No expresa una afirmación, sino la duda de que se efectúe una acción futura (ir con nosotros).*

   (1) Parece mentira que los perros no se lo hayan comido todo.
   (2) Preferiríamos que ellos no pasaran todo el verano solos.
   (3) Manuel dudaba que Margarita tuviera suficiente dinero para lo que quería comprar.
   (4) Era evidente que Ud. quería pedirme el automóvil.
   (5) No creíamos que tú jugaras al tenis tan bien.
   (6) ¡Qué lástima que no coman en casa!
   (7) Siento que Ud. tenga frío, pero con la escasez de petróleo no podemos hacer nada.
   (8) Les convencí que dijeran la verdad.
   (9) No encuentro a nadie que quiera ayudarme.
   (10) Tenemos una secretaria que habla demasiado.
   (11) ¿Hay alguien en tu oficina que sepa alemán?
   (12) Vamos adonde tú digas, porque yo no conozco los restaurantes aquí.

(13) Carlos siempre me llama cuando puede, pero anda muy ocupado.

(14) Queríamos esquiar hasta que te marcharas.

(15) Ayer trabajó hasta que llegó Pedro.

(16) Se lo voy a mandar por correo para que no tenga que volver aquí.

2. A base de cada una de las 26 matrices dadas a continuación, cree una oración y clasifíquela según la siguiente terminología:

A. *Indicativo—Afirmación*

    1. transmisión de una afirmación

    2. opinión positiva

    3. conocimiento

    4. observación (percepción)

B. *Subjuntivo—No afirmación*

    1. mandato

    2. duda/falta de creencia

    3. comentario (reacción subjetiva)

Recuerde que muchas matrices son ambiguas y pueden usarse en más de un tipo de oración.

Ejemplo: estar contento—*Estaba contento de que llegaran ustedes sin problemas. No afirmación—comentario (reacción subjetiva) a un hecho presupuesto (que llegaron sin problemas).*

(1) es evidente	(14) yo sé
(2) le gustó	(15) dudo
(3) creo	(16) los vecinos no creen
(4) no es inevitable	(17) parece extraordinario
(5) me confesó	(18) nadie creía
(6) yo sabía	(19) temen
(7) se quejó de	(20) le indignaba
(8) se propone	(21) se supone
(9) no le parece	(22) no me di cuenta de
(10) Juan cree	(23) aprendí
(11) es inútil	(24) no sabía
(12) quieren	(25) es difícil
(13) no era raro	(26) era necesario

3. Combine las siguientes frases haciendo nuevas oraciones.

Ejemplo: Estoy contento/ la comida está sabrosa.—*Estoy contento de que la comida esté sabrosa.*

(1) Estoy contento

La comida estará sabrosa.

La comida ha estado sabrosa.

La comida había estado sabrosa.

La comida estaría sabrosa.

La comida estaba sabrosa.

(2) ¡Qué pena!

Los nadadores perderán la competencia.

Los nadadores han perdido la competencia.

Los nadadores habían perdido la competencia.

Los nadadores perderían la competencia.

Los nadadores perdieron la competencia.

(3) Es una lástima

Marisa no compró la casa que quería.

Marisa no ha comprado la casa que quería.

Marisa no había comprado la casa que quería.

Marisa no compraría la casa que quería.

Marisa no comprará la casa que quería.

(4) Siento mucho

En Nicaragua habrá terremotos.

En Nicaragua ha habido terremotos.

En Nicaragua habría terremotos.

En Nicaragua había terremotos.

En Nicaragua hay terremotos.

(5) Es increíble

Raúl no sabía lo que pasó.

Raúl no sabrá lo que pasó.

Raúl no ha sabido lo que pasó.

Raúl no había sabido lo que pasó

Raúl no sabría lo que pasó.

(6) Lamento mucho

Muere mucha gente.

Moría mucha gente.

Ha muerto mucha gente.

Morirá mucha gente

Había muerto mucha gente.

(7) Parece mentira

Los edificios se han construido tan rápidamente.

Los edificios se construirán tan rápidamente.

Los edificios se construirían tan rápidamente.

Los edificios se habían construido tan rápidamente.

Los edificios se construyeron tan rápidamente.

4. Complete las siguientes frases con oraciones adjetivas. Explique su selección del subjuntivo o del indicativo.

Ejemplo: Buscaba a la señorita que conocía a mi hermana.—
Indicativo porque existía tal señorita y puedo afirmar que ella conocía a mi hermana.

(1) Visita a la vecina que...

(2) Son pocas las ocasiones en que...

(3) En la ciudad no hay nadie que...

(4) Los viernes nos reunimos con amigos que...

(5) Quiero cenar con gente que...

(6) No conozco a ninguna señora que...

(7) ¿Conociste en Madrid a la actriz que...

(8) Habrá oportunidad de ir al museo que...

(9) Van a terminar la carta que...

(10) Les dije que buscaran a un detective que...

(11) No quisieron el caballo que...

(12) Cualquier persona que...

(13) Quería llevarle unas flores que...

(14) Su madre temía al oso que...

(15) Buscaba a una gitana que...

(16) A mi hija le gustan las carreras que...

(17) Quería visitar países que...

(18) Es lógico lo que propone el ingeniero que...

(19) En esta casa no hay ventanas que...

(20) Las calles están llenas de automóviles que...

(21) Los gatos querían ratones que...

(22) Parece que los árboles tienen una enfermedad que...

(23) No sabía que el hermano era uno de los que...

(24) El enfermo moría en una cama que...

(25) No tengo noticias de la muchacha que...

5. Seleccione el indicativo o el subjuntivo en las siguientes oraciones y explique sus motivos.

Ejemplo: (decir) Haré lo que me —— mis padres.—"Digan". No se sabe exactamente qué va a decirse.

(1) (querer) Se hará lo que Ud. ——.
(2) (decir) Haré lo que —— mi hermana.
(3) (desear) No comeré lo que ellos ——.
(4) (hacer) Me disgusta lo que —— mi primo.
(5) (creer) El presidente siempre hace lo que —— conveniente.
(6) (contar) Haremos lo que —— la profesora.
(7) (contar) No nos importaba lo que —— las chicas.
(8) (comprar) Me alegró ver lo que —— tú.
(9) (pedir/querer) No importa lo que tú ——; te darán lo que ellos ——.
(10) (contar) Es interesante lo que le —— a tu primo.
(11) (hacer) El gerente espera saber lo que —— los obreros.
(12) (ser) En la universidad tendrán que cambiar lo que —— necesario.
(13) (pedir) Mi tía no quiere hacer lo que le —— sus hijos.
(14) (querer) A nadie le pido lo que no —— hacer.
(15) (escribir) No tiene importancia lo que Ud. —— en formulario.

6. Complete las siguientes frases con oraciones subordinadas adverbiales. Explique el uso del subjuntivo o del indicativo.
Ejemplo: No me quedo a menos que me traigas un refresco.—*La acción de quedarse depende de otra, la de traer el refresco. Afirmo que no me quedo, pero no podría afirmar que me traerías un refresco.*

(1) No salgas de casa a no ser que...
(2) Los científicos se quedaron hasta que...
(3) Los campesinos hablaron mientras que...
(4) No quiero que lo compres a menos que...
(5) Te lo digo para que...
(6) Se comía la manzana ya que...
(7) Luisa se peinaba antes de que...
(8) Queremos bailar porque mañana...
(9) Encontré la solución tan pronto como...
(10) No sabía cuando...
(11) La avisaremos con tal que...

(12) Planté las semillas antes que...

(13) El ladrón corrió hasta que...

(14) La niña pretendía no querer nada para que...

(15) El agua dejará de salir en cuanto...

(16) Los viajeros no protestaron puesto que...

(17) Las tiendas están cerradas porque hoy...

(18) Salían del teatro cuando...

(19) Estudiaba mucho cuando...

(20) Los precios de la carne han subido desde que...

(21) Me lo dirá la próxima vez que...

(22) Le dejo los zapatos para que...

(23) No me importa que se tire al río con tal de que...

(24) Espero que Ud. no se vaya sin que...

(25) El presidente saldrá de viaje en cuanto...

(26) Les ayudaremos tan pronto como...

(27) No subas las escaleras a menos que...

(28) La novela estaba muy interesante hasta que...

(29) No escribirá en ruso ya que no...

(30) Terminamos este ejercicio para que...

TEMAS DE DISCUSIÓN

1. ¿Existe la posibilidad de transferencia positiva en el empleo del subjuntivo del inglés al español?

2. Se ha dicho que el uso del subjuntivo en inglés está desapareciendo. Trate de averiguarlo con sus compañeros usando oraciones como las siguientes:

   (a) *It's necessary that he...*
   (b) *I prefer that she...*
   (c) *He demands that she...*

3. Se ha hecho la misma afirmación del subjuntivo en español. Investigue el uso de los modos indicativo y subjuntivo conforme a las categorías presentadas en este capítulo, pidiendo a los informantes nativos que creen nuevas oraciones usando matrices como las siguientes:

(a) *Es bueno que él...*
(b) *Prefiero que tú...*
(c) *¡Qué lástima que usted...*
(d) *Busco a una chica que...*

Partiendo de grabaciones realizadas con estudiantes, averigüe los siguientes puntos:

4. ¿Controla el estudiante avanzado el subjuntivo?

5. ¿Hay categorías más difíciles que otras en el aprendizaje del subjuntivo?

6. ¿Son más comunes los errores de forma o los de función?

7. ¿Cuáles son los contextos más usuales para el uso del subjuntivo? ¿Qué implicaciones tiene esto para la enseñanza?

8. ¿Había principiantes que controlasen aceptablemente el uso del subjuntivo?

9. ¿Necesita el principiante haber estudiado el subjuntivo para comprender las oraciones en las que se ha usado? ¿Qué implicaciones tiene esto para la enseñanza en ese nivel?

10. ¿Presentan grandes dificultades de interpretación para el hablante nativo del español los errores en el uso del modo subjuntivo?

Sección cuarta
CULTURA Y
LENGUAJE

Capítulo 9: EL LENGUAJE COMO VEHÍCULO DE
CULTURA

capítulo 9
EL LENGUAJE COMO VEHÍCULO DE CULTURA

Si he sufrido la sed, el hambre, todo
lo que era mío y resultó ser nada,
si he segado las sombras en silencio,
me queda la palabra.

BLAS DE OTERO

Hoy día resulta ridículo abrir un diccionario de la lengua española y buscar el significado de la palabra *cultura*. Nosotros, sin embargo, hemos hecho precisamente eso. Hemos abierto el *Diccionario manual ilustrado de la lengua española* editado por la Real Academia Española y allí se nos dice que la palabra *cultura* equivale a *cultivo*, o sea, al resultado de pulir, desarrollar y volver a pulir los conocimientos del hombre. De ello sacamos en conclusión que la cultura es el resultado de un proceso que conlleva varios niveles de refinamiento que alejan al ser humano de su inicial primitivismo al tener que ejercitar sus facultades intelectuales para llegar a ser culto.

Para el hispanohablante, la palabra cultura se adhiere a la definición tradicional citada. Por eso exclama: — ¡Qué cultura! ¡Qué persona tan extraordinariamente culta! ¡Habla cinco idiomas! ¡Hay que ver lo que sabe: música, pintura, literatura! ¡Lo sabe todo! Es decir que el refinamiento, la elegancia, el estilo, que caracterizan a una persona representan la cultura de dicha persona. Esto hace que la palabra cultura se relacione con la participación de un individuo dentro de un círculo minoritario o élite.

Los aborígenes australianos no tendrán cultura alguna para los que apoyan la definición del diccionario manual. Se trata de hombres primitivos que viven "animalizados" y por lo tanto carentes de todo refinamiento.

Los antropólogos abrieron las puertas a nuevas formas de entender lo que constituye una cultura. Para ellos una cultura es una parte del medio ambiente que ha creado o transformado el hombre. El ser humano crea o fabrica su propia cultura. Es la cultura que conviene a distintos grupos sociales para mejor actuar y sobrevivir. Existe un número considerable de culturas y unas doscientas definiciones de la palabra *cultura* diseminadas por diccionarios, tratados de antropología, etc. Esto demuestra que las palabras que usan los investigadores para definir lo que es una cultura no son lo suficientemente claras como para llegar a un acuerdo sobre cómo definir esta palabra de una manera definitiva.

Entre los hispanohablantes, por regla general, no se ha llegado a divulgar de forma satisfactoria la idea de que la cultura abarca toda actividad humana y que hay tantas culturas como grupos de personas que actúan de manera más o menos semejante. En nuestra opinión, el mejor, o quizá el único modo de penetrar en una segunda cultura es poder compararla con la propia.

La comparación, o mejor aún el contraste, de culturas es un problema delicado y sumamente complejo. En este estudio haremos ligeras alusiones acerca de la cultura de un norteamericano y de un hispanohablante típicos. Queremos ilustrar —de manera superficial, desde luego— cómo actúa dentro de su propia cultura el individuo que ha nacido en Hispanoamérica o en la Península Ibérica. Nos interesa el uso que estos individuos, imaginarios o reales, hacen del lenguaje cuando lo aplican a situaciones que nos han llamado la atención. Estas situaciones nos muestran no sólo la importancia del idioma como vehículo de cultura sino también el elemento mágico que todo idioma posee. Comprenderemos entonces que el lenguaje es ante todo un vehículo por medio del cual llegamos a la comprensión de una o más culturas.

Al contrastar dos culturas a través de palabras usadas en un determinado número de situaciones escogidas, no se pretende llegar a una visión completa ni absoluta del problema, ni se intentará hacer comparaciones históricas, políticas o geográficas. No debemos alejarnos del tema básico de este capítulo que es precisamente tratar de demostrar cómo el lenguaje es un vehículo que facilita la comprensión de los pueblos y por consiguiente de sus culturas respectivas. El idioma considerado como vehículo de cultura puede llevarnos a comprender mejor lo cotidiano, desde la mera rutina de las comidas, las distintas maneras de vestir, u otras actividades más o menos recurrentes, así como actitudes hacia la religión y hacia la política. La palabra y su uso tienen una importancia extraordinaria. Nos atrevemos a afirmar que no hay nada que una más que la comprensión entre pueblos, y para que esa comprensión exista tiene que haber fuertes lazos de comunicación, lo que se obtiene por medio del lenguaje.

Ahora bien, hay que tener en cuenta que las culturas, como los pueblos, están en un estado de continuo cambio. La presencia de elementos extranjeros, de estudiantes, de eruditos, de turistas, etc. producen cambios en la cultura que se quiere estudiar, ya sean estos lentos o rápidos.

Por lo general, a los habitantes de una sociedad determinada les interesa investigar la cultura de otro país tanto o más que la suya propia. Un español estudiará su pasado, su civilización, su idioma, su religión, y otros aspectos integrales de su cultura, pero le interesará más saber algo de la cultura de los grandes poderes políticos de actualidad para ver qué posición desempeña España en el momento histórico de hoy, en relación con las grandes naciones. Lo que en nuestros días llamamos cultura, desde el punto de vista antropológico, es posible que no le interese al español porque se trata de su propio modo de vida, de sus costumbres, de su rutina. Lo que el español está viviendo en un momento determinado no le interesa porque no lo puede observar objetivamente, es decir, desde fuera. Se verá a sí mismo mejor cuando empiece a estudiar las costumbres de un extranjero en un país diferente del suyo. Para verse a sí mismo hay que verse a través de otros, hay que distanciarse. La familia de naciones de habla española es numerosa y variada. La cantidad de hispanohablantes llega a unos doscientos millones de personas. En un grupo tan numeroso hay que hablar de culturas dentro de culturas. Es necesario, pues, recordarle al lector que las generalidades a las que hacemos referencia en este capítulo aluden a sectores culturales de algunos grupos que usan el lenguaje como vehículo de cultura de una manera que les es peculiar.

Muchos hispanohablantes que visitan México por primera vez se ven obligados a preguntar una y otra vez el nombre de pescados, legumbres, frutas y de otros artículos que el léxico de su español básico o estándar no contiene, en cuanto que se trata de palabras indígenas que resultan incomprensibles para los que no han nacido en México.

En los Estados Unidos se ha producido recientemente una extraordinaria transformación lingüística. Los jóvenes de hoy emplean con frecuencia un lenguaje irreverente. Se trata de una forma de expresión que desprecia la herencia cultural de sus antecesores. Es una verdadera revolución contra el lenguaje tradicional. Los jóvenes de habla hispana tienden a imitar las tendencias de los norteamericanos y así surgen expresiones idiomáticas que reflejan *Stop bugging me!* En este caso no se trata de irreverencia en el contexto del hispanohablante, que tiene en su tradición frases de gran crudeza. No haremos alusión a expresiones que nos colocarían al margen del buen gusto. Sin embargo, es bien sabido que las imágenes religiosas y otros símbolos cívico-patrióticos o militares reciben y han recibido la ira idiomática, por así decirlo, de los pueblos de habla española. Los extranjeros no comprenden las combinaciones del idioma sagrado con el obsceno, que son tan comunes en la cultura hispánica.

Tomemos, por ejemplo, la actitud hacia la muerte. Además del *estirar la pata, crepar, diñar, quedarse tieso*, etc., de lo que encontramos equivalencias en la mayoría de las culturas, existe otra dimensión que puede considerarse típica de los pueblos de habla hispana. En España es corriente oír a una madre que le grita a su hijo: *Si no te lo comes todo, ¡te mato!* o *No me contradigas porque te rompo el alma.* La madre que dice esas palabras violentas adora a su hijo. En norteamérica esas expresiones se oyen poco. Para el hispanohablante el inglés parece carecer de fuerza lingüística porque en los Estados Unidos no se dicen las expresiones anteriores ni *¡Que te parta un rayo!* La aproximación más cercana sería *Drop dead!* pero resulta débil en comparación con la fuerza de las expresiones del español.

En cuanto al tratamiento de temas más vitales tomemos por ejemplo el piropo. En los Estados Unidos se usaba el silbido de aprobación al ver pasar a una mujer bonita. Hoy ha desaparecido. Es más expresivo gritar *¡Viva tu madre!* o *¡Bendita sea la madre que te parió!*

En el léxico que refleja la actividad política vemos la actitud hacia la vida y la muerte desde el punto de vista del idioma. El año 1972, año de elecciones presidenciales, fue un año de gran tensión política en los Estados Unidos. Los insultos que usan los candidatos políticos demuestran un extraordinario control sobre sus emociones. En el para-choques de un automóvil de méxico-americanos se leía un cartel de colores vivos que decía *¡Abajo los republicanos!;* la palabra *abajo* es una traducción directa del inglés *down*. En español se usa *muera: ¡Muera el rey!; ¡Muera la república!; ¡Muera Fidel!*

El conflicto racial en los Estados Unidos causa problemas apasionantes que conducen a la violencia. La palabra *negro*, usada despectivamente, puede causar un verdadero conflicto racial. En cambio, en los países hispanos la palabra *negro, negra, negrito, negrita* tiene un tono afectivo. Conocemos al negro Arias, a la negra Matilde, etc., aunque sean rubios de ojos azules. Dos enamorados pueden llamarse *negro de mi vida, mi negra adorada*.

Por otra parte, el adjetivo *negro* puede indicar mala suerte como cuando se habla de *la negra vida* o de *la sombra negra*. La palabra *blanco, blanca,* recibe poca atención desde el punto de vista del pintoresquismo lingüístico. Si una persona es muy blanca pensamos que es alguien pálido o frágil o enfermo.

Un ejemplo gramatical directamente ligado a la estructura social de diferentes países lo constituye el uso de los pronombres que representan la segunda persona del singular *(tú, vos, Ud.)* y del plural *(vosotros, Uds.).* En inglés se traducen todos ellos por *you.* Por lo general, *tú* y *vos* denotan distintas clases de familiaridad o amistad en la lengua española. El pronombre *Ud.* establece cierto distanciamiento de persona a persona que llamamos respeto. Este distanciamiento puede ser de índole social, cultural o está relacionado con la edad de la persona con quien se habla. Entre los miembros de familias campesinas se observa que los hijos tratan a sus padres de *usted* y no de *tú.* Es posible que sea porque son los hijos los únicos que tratan a los padres con lo que ellos consideran el respeto debido, ya que el resto de la sociedad los tratará de *tú.* El pronombre *vosotros* se usa exclusivamente en España y no en toda Andalucía. En Hispanoamérica es *ustedes* el pronombre que denota pluralidad y se usa incluso para dirigirse a los niños. Si *No hagáis eso* resulta pomposo y artificial al oído de un americano, *No hagan ustedes eso* suena sumamente respetuoso al oído de un español, que se reirá al ver que se les ha hablado así a unos niños.

Entre los hispanohablantes, el concepto del tiempo está relacionado con la idea filosófica del fatalismo. Un español sabe que no se puede luchar contra el tiempo. Sus días están contados haya o no haya tiempo. El precio del tiempo es un concepto de otras culturas. El estudiante hispanoamericano no puede concebir que el valor de un curso universitario esté medido por unidades temporales. Para el estudiante hispanohablante el valor de un curso reside en el conocimiento adquirido. El tiempo no tiene nada que ver.

La palabra *mañana* que significa *tomorrow* o *morning* lleva consigo todo un simbolismo, toda una actitud arquetípica hacia el futuro. El norteamericano, interpretado desde el punto de vista latino, trabaja con energía para luego tener tiempo libre. La ironía consiste en que cuando llega la edad de disfrutar de ese tiempo deseado no encuentra la recompensa esperada. El hispanohablante enfoca la vida desde un punto de vista en que el futuro importa muy poco o nada. Después de todo ya está escrito todo lo que va a pasar. Para los hispanos el hoy tiene mucha más importancia que el mañana. El hoy es lo que más significado tiene. Hay muchas razones que pueden explicar todo un razonamiento por detrás de las representaciones temporales del lenguaje.

Es interesante observar que el trabajo no tiene ningún sentido moralizador para la mayoría de los latino-americanos y españoles. Al contrario, trabajar es una verdadera desgracia. El concepto de señoritismo que tanto daño ha causado en los países hispanos se basa en la idea de que es una deshonra trabajar con las manos. Hay que tener manos de señor o de señora y no manos de gañán. Las manos deben ser finas para poder hacer alarde de la condición social de la que se proviene.

Los miembros de culturas de habla española han tenido más éxito en mantener el núcleo familiar. Dentro de una familia hispana se habla más, parece haber más comunicación entre distintas generaciones. A la hora de las comidas, de sobremesa, se habla, se discute, hay gritos, risotadas, puñetazos, se cuentan chistes, se insultan, pero, ante todo se hablan, se comunican, se conocen mejor que en otras culturas.

El profesor de una lengua tiene que ir más allá de la enseñanza del idioma y de la literatura representativa de un país. Tiene que hacer hincapié en la cultura del país cuya lengua enseña y relacionar dicha cultura con el idioma. Tiene que buscar el momento adecuado para introducir el lenguaje como vehículo hacia la comprensión de la cultura del país para evitar que las clases sean áridas y vacías.

Juan José Arreola, en una conferencia en la Universidad de California en Irvine, dijo que el hombre ES lenguaje. Los seres humanos, según el cuentista mexicano, son alma y el alma es armonía y de esa armonía brota una luz que es el lenguaje. Toda nuestra actuación vital está programada en los términos del lenguaje.

TEMAS DE DISCUSIÓN [1]

1. Trate de traducir las expresiones *pet, pet store* y *animal hospital* al español. Discuta las diferencias en términos de las distintas actitudes culturales hacia los animales vis-a-vis los humanos. ¿Cuáles son las diferencias connotativas?

2. Traduzca las palabras *growl, hiss, roar, bellow* al español. ¿Cómo traduciría frases como la siguiente: *He's always growling at me!*? ¿Hay diferencias entre las dos culturas en el uso de tales términos para describir el habla humana?

3. Traduzca *pescuezo, pata, hocico* al inglés. ¿Cómo se traducirían las siguientes frases al inglés: *¡No metas la pata!, ¡Qué hocico más bárbaro tiene aquél!*? ¿Cuáles son las diferencias connotativas entre la frase original y la traducción? ¿Qué relación tienen estas diferencias con las dos culturas?

4. Consideren las formas posibles de expresar en español las siguientes expresiones inglesas: *bucktoothed, frog-voiced, weasel-eyed, bullheaded, dog-tired*. ¿Revelan estas consideraciones algo sobre diferencias culturales?

5. Traduzca *colored, black, negro* al español. ¿Cuáles son las diferencias connotativas de estos términos? ¿Cómo se relacionan estas diferencias con las diferencias culturales?

---

[1] Algunos tomados de W. Bull, et al. (1972), *Spanish for Communication*.

6. Compare la expresión *Friday the thirteenth* con *El martes, ni te cases ni te embarques*. Discuta cómo se relacionan con el lenguaje las diferencias en las supersticiones.

7. *Mercado* es *market* y *regatear* es *to bargain;* sin embargo, cada palabra refleja distintos aspectos de realidades culturales. Discuta la diferencia entre estas palabras dentro del marco cultural anglosajón e hispano. ¿Puede dar otros ejemplos de palabras que se parecen y que sin embargo son muy diferentes desde un punto de vista cultural?

8. Traduzca las expresiones *trouble shooter; big shot; straight shooter; raise your sights; lock, stock, and barrel,* al español. ¿Puede Ud. explicar la ausencia de estas expresiones en español y su uso abundante en inglés en términos histórico-culturales?

9. Discuta las diferencias culturales entre las palabras *macho* y *male, criada* y *cleaning lady.*

BIBLIOGRAFÍA
GENERAL

Academia Española. *Gramática de la lengua española.* Madrid: Espasa Calpe, 1962.

————. *Esbozo de una nueva gramática de la lengua española.* Madrid: Espasa Calpe, 1973.

Aid, F. *Semantic Structures in Spanish.* Washington, D.C.: Georgetown University Press, 1973.

Alarcos Llorach, E. *Estudios de gramática funcional del español.* Madrid: Gredos, 1970.

————. *Fonología española.* Madrid: Gredos, 1965.

Aronoff, M. *Word Formation in Generative Grammar.* Cambridge, Massachusetts: MIT Press (*Linguistic Inquiry,* Monograph I), 1976.

Bartley, D. E. y R. Politzer. *Practice-Centered Teacher Training: Spanish.* Philadelphia: The Center for Curriculum Development, s.a.

Bello, A. y R. J. Cuervo. *Gramática de la lengua castellana.* Buenos Aires: Editorial Sopena Argentina, 1958.

Bergen, J. J. "A Simplified Approach for Teaching the Gender of Spanish Nouns," se publicará en *Hispania.*

————. "The Use of Gender Contrasts to Express Semantic Contrasts in Spanish," se publicará en *Hispania.*

Bolinger, D. "Postponed Main Phrases: An English Rule for the Romance Subjunctive," *Canadian Journal of Linguistics* 14: 3-30, 1968.

————. "Getting the Words In," *American Speech* 45: 78-84, 1970.

Bolinger, D. *Aspects of Language*. New York: Harcourt Brace Jovanovich, 1975.

——— et al. *Modern Spanish* (3.ª edición). New York: Harcourt Brace Jovanovich, 1973.

Bowen, J. D. y R. P. Stockwell. *Patterns of Spanish Pronunciation*. Chicago: University of Chicago Press, 1960.

Bronstein, A. *The Pronunciation of American English*. New York: Appleton-Century-Crofts, 1960.

Brooks, N. *Language and Language Learning* (2.ª edición). New York: Harcourt, Brace and World, 1964.

———. *Culture and Language Instruction*. New York: Harcourt, Brace and World, 1966.

Brown, R. *A First Language*. Cambridge, Massachusetts: Harvard University Press, 1973.

Bull, W. *Spanish for Teachers*. New York: Ronald Press, 1965.

———. *Time, Tense and the Verb*. Berkeley: University of California Press, 1968.

——— et al. *Spanish for Communication*. Boston: Houghton, Mifflin and Company, 1972.

———. et al. *Communicating in Spanish*. Boston: Houghton, Mifflin and Company, 1974.

Castells, M. O. *La lengua española: gramática y cultura*. New York: Charles Scribner's Sons, 1978.

Chafe, W. *Meaning and the Structure of Language*. Chicago: University of Chicago Press, 1970.

Chastain, K. *The Development of Modern Language Skill: Theory to Practice*. Philadelphia: The Center for Curriculum Development, 1971.

Chomsky, N. *Syntactic Structures*. The Hague: Mouton, 1957.

———. *Aspects of the Theory of Syntax*. Cambridge, Massachusetts: MIT Press, 1965.

———. y M. Halle. *The Sound Pattern of English*. New York: Harper and Row, 1968.

Coseriu, E. *Teoría del lenguaje y lingüística general*. Madrid: Gredos, 1967.

Criado del Val, M. *Gramática española*. Madrid: Editorial SAETA, 1958.

Crystal, D. *Linguistics*. Baltimore, Maryland: Penguin Books, 1961.

Dalbor, J. *Spanish Pronunciation*. New York: Holt, Rinehart, and Winston, 1969.

Dalbor, J. y H. T. Sturcken. *Spanish in Review*. New York: John Wiley & Sons, 1979.

Da Silva, Z. S. *Spanish: A Short Course*. New York: Harper and Row, 1973.

Diller, K. C. *Generative Grammar, Structural Linguistics, and Language Teaching*. Rowley, Massachusetts: Newbury House, 1974.

Di Pietro, R. J. *Language Structures in Contrast*. Rowley, Massachusetts: Newbury House, 1971.

Elgin, S. y J. Grinder. *Transformational Grammar: History, Theory, Practice*. Holt, Rinehart, and Winston, 1973.

Estarellas, J. *La psico-lingüística y la enseñanza de los idiomas extranjeros*. Salamanca: Anaya, 1971.

Fillmore, C. y D. T. Langendoen, eds. *Studies in Linguistic Semantics*. Holt, Rinehart, and Winston, 1971.

Fishman, J. *Sociolinguistics*. Rowley, Massachusetts: Newbury House, 1970.

Franklin, H., H. G. Meckle y J. E. Strain. *Vocabulary in Context*. Ann Arbor: University of Michigan Press, 1964.

Fromkin, V. y R. Rodman. *An Introduction to Language*. New York: Holt, Rinehart, and Winston, 1977.

Fries, C. C. *Teaching and Learning English as a Foreign Language*. Ann Arbor: University of Michigan Press, 1945.

Frey, H. J. *Teaching Spanish: A Critical Bibliographical Survey*. Rowley, Massachusetts: Newbury House, 1974.

Gili Gaya, S. *Curso superior de sintaxis española* (8.ª edición). Barcelona: Bibliograf., 1961.

————. *Elementos de fonética general*. Madrid: Gredos, 1971.

Goldin, M. *Spanish Case and Function*. Washington, D.C.: Georgetown University Press, 1968.

Hadlich, R. *A Transformational Grammar of Spanish*. Englewood Cliffs, New Jersey: Prentice-Hall, 1971.

————, J. S. Holton y M. Montes. *A Drillbook of Spanish Pronunciation*. New York: Harper and Row, 1968.

Hall, R. A., Jr. *Introductory Linguistics*. Philadephia: Chilton, 1964.

Harris, J. *Spanish Phonology*. Cambridge: MIT Press, 1969.

Hooper, J. "The Archisegment in Natural Generative Phonology," *Language*, 51, 1975.

————. *An Introduction to Natural Generative Phonology*. New York: Academic Press, 1976.

Hooper, J. y T. Terrell. "A Semantically Based Analysis of Mood in Spanish," *Hispania,* 57, 1974.

—— y T. Terrell, "Stress Assignment in Spanish: A Natural Generative Analysis," *Glossa,* 10, 1976.

Hoyer, H., ed. *Language and Culture.* Chicago: University of Chicago Press, 1954.

Jakobovits, L. *Foreign Language Learning.* Rowley, Massachusetts: Newbury House, 1970.

Jespersen, O. *Essentials of English Grammar.* Tuscaloosa: University of Alabama Press, 1964.

Labov, W. *Sociolinguistic Patterns.* Philadelphia: University of Pennsylvania Press, 1972.

Lado, R. *Language Teaching: A Scientific Approach.* New York: McGraw-Hill, 1964.

——. *Linguistics Across Cultures.* Ann Arbor: University of Michigan Press, 1957.

—— y C. Fries. *English Pronunciation.* Ann Arbor: University of Michigan Press, 1954.

—— y C. Fries. *English Sentence Patterns.* Ann Arbor: University of Michigan Press, 1957.

Lorenzo, E. *El español de hoy, lengua en ebullición.* Madrid: Gredos, 1971.

Narváez, R. A. *An Outline of Spanish Morphology.* St. Paul, Minnesota: EMC Corporation, 1970.

Navarro-Tomás, T. *Manual de pronunciación española* (13.ª edición). Madrid: Consejo Superior de Investigaciones Científicas, 1967.

Otero, C. "Acceptable Ungrammatical Sentences," *Linguistic Inquiry,* 8, 1972.

Pederson, H. *Linguistic Science in the Nineteenth Century.* Cambridge, Massachusetts: MIT Press, 1931.

Politzer, R. *Foreign Language Teaching: A Linguistic Introduction.* Englewood Cliffs, New Jersey: Prentice-Hall, 1965.

—— y C. Staubach. *Teaching Spanish: A Linguistic Orientation.* New York: Wiley, 1965.

Poston, L., Jr., et al. *Continuing Spanish I.* New York: Van Nostrand, 1967.

Quiles, A. y J. Fernández. *Curso de fonética y fonología españolas.* Madrid: Consejo Superior de Investigaciones Científicas, 1964.

Ramsay, M. M. y R. K. Spaulding. *A Textbook of Modern Spanish*. New York: Holt, Rinehart, and Winston, 1965.

Richards, J., ed. *Error Analysis: Perspective on Second Language Acquisition*. London: Longman, 1974.

Rivero, M. L. *Estudios de gramática generativa del español*. Madrid: Ediciones Cátedra, 1977.

Rivers, W. M. *The Psychologist and the Foreign Language Teacher*. Chicago: University of Chicago Press, 1964.

——. *Teaching Foreign Language Skills*. Chicago: University of Chicago Press, 1968.

—— et al. *A Practical Guide to the Teaching of Spanish*. New York: Oxford University Press, 1976.

Sapir, E. *Language*. New York: Harcourt, Brace, 1921.

Saporta, S. "Morpheme Alternants in Spanish" en Kahane and Pietrangeli, eds., *Structural Studies on Spanish Themes*, pp. 19-162. Urbana: University of Illinois Press, 1959.

Saussure, F. de. *Cours de linguistique général*. Paris, 1964.

Schuman, J. H. y N. Stenson, eds. *New Frontiers in Second Language Learning*. Rowley, Massachusetts: Newbury House, 1974.

Sebeok, T., ed. *Current Trends in Linguistics: Vol. IV, Ibero-American and Caribbean Linguistics*. The Hague: Mouton, 1968.

Seco, R. *Manual de gramática española* (7.ª edición). Madrid: Aguilar, 1965.

Segreda, G. et al. *A-LM Spanish* (2.ª edición). New York: Harcourt, Brace, and World, 1969.

Serís, H. *Bibliografía de la lingüística española*. Bogotá: Publicaciones del Instituto Caro y Cuervo, 1964.

Slobin, D. *Psycholinguistics*. Scott, Foresman, 1971.

Solé, C. *Bibliografía sobre el español en América, 1920-1967*. Washington, D.C.: Georgetown University Press, 1970.

—— y Y. Solé. *Modern Spanish Syntax: A Study in Contrast*. Lexington, Massachusetts: D. C. Heath, 1977.

Solé, Y. "Correlaciones socio-culturales del uso de *tu/vos* y *Ud.* en la Argentina, Perú y Puerto Rico," *Thesaurus*, 25, 1970, 1-35.

——. "Sociocultural Determinants of Symetrical and Asymetrical Address Forms in Spanish," aparecerá en *Hispania*.

Stockwell, R. "Contrastive Analysis and Lapsed Time," en Alatis, J. ed., *Contrastive Linguistics and its Pedagogical Impli-*

cations. Washington, D.C.: Georgetown University Press, 1968.

Stockwell, R. y J. D. Bowen. *The Sounds of English and Spanish.* Chicago: University of Chicago Press, 1965.

————, J. D. Bowen y J. Martin. *The Grammatical Structures of English and Spanish.* Chicago: The University of Chicago Press, 1965.

————, P. Schacter and B. H. Partee. *The Major Syntactic Structures of English.* New York: Holt, Rinehart, and Winston, 1973.

Terrell, T. "Assertion and Presupposition in Spanish Complements," *Current Studies in Romance Linguistics.* Washington, D.C.: Georgetown University Press, 1976.

————. "The Inherent Variability of Word Final /s/ in Cuban and Puerto Rican Spanish," *Teaching Spanish to the Spanish Speaking.* San Antonio, Texas: Trinity University Press, 1976.

————. "Constraints on Aspiration and Deletion of Final /s/ in Cuban and Puerto Rican Spanish," *La revista bilingüe,* 4, 1977.

————. "A More Natural Approach to Second Language Acquisition and Learning," *Modern Language Journal,* 61, 1977.

Valdeman, A., ed. *Recent Trends in Language Teaching.* New York: McGraw-Hill, 1976.

Valette, R. *Modern Language Testing* (2.ª edición). New York: Harcourt Brace Jovanovich, 1976.

———— y E. Allen. *Modern Language Classroom Techniques.* New York: Harcourt Brace Jovanovich, 1972.

———— y R. Disick. *Modern Language Performance Objectives and Individualization.* New York: Harcourt Brace Jovanovich, 1972.

Venneman, T. "Phonological Uniqueness and Natural Generative Grammar," *Glossa,* 6, 105-116.

————. "Rule Inversion," *Lingua,* 29, 209-242.

Whorf, B. *Language, Thought, and Reality.* Cambridge: MIT Press, 1956.

ÍNDICE